Klaus Dirschauer
Worte zur Trauer

Klaus Dirschauer

Worte zur Trauer

500 ausgewählte Weisheiten
und Zitate
für Todesanzeigen und
Kondolenzbriefe

Beispiele und Muster

Claudius

Bibliografische Information Der Deutschen Bibliothek
Die Deutsche Bibliothek verzeichnet diese Publikation
in der Deutschen Nationalbibliografie;
detaillierte bibliografische Daten sind im Internet
über http://dnb.ddb.de abrufbar.

© Claudius Verlag 2005
Birkerstraße 22, 80636 München
www.claudius.de
Das Werk einschließlich aller seiner Teile ist urheberrechtlich
geschützt. Jede Verwertung außerhalb der engen Grenzen des
Urheberrechtsgesetzes ist ohne Zustimmung des Verlags unzulässig
und strafbar. Das gilt insbesondere für Vervielfältigungen, Übersetzungen,
Mikroverfilmungen und die Einspeicherung und Verarbeitung in
elektronischen Systemen.
Umschlaggestaltung: Anne Halke, München
Foto Umschlag: vario-press / Christoph Papsch
Satz: Buch- und Offsetdruckerei Sommer, Feuchtwangen
Druck: fgb, freiburger graphische betriebe, www.fgb.de

ISBN 3-532-62319-6

Inhalt

Vorwort	7
Eine Todesanzeige aufsetzen	9
Die persönliche Ausgangssituation	9
Inhalt	10
Der erste Schritt	11
Der zweite Schritt	12
Der dritte Schritt	13
Weniger ist mehr	14
Zu guter Letzt	16
Einem Menschen kondolieren	17
Die Todesnachricht	18
Kulturgeschichtlich	20
Die äußere Form	21
Inhalt	22
Rücksichtnahme	24
Wortgeschenke	28
Sinn- und sachverwandte Verben zu *sterben*	29
500 Weisheiten und Zitate	33
Bibel	33
Philosophen von der Antike bis zur Gegenwart	52
Kirchenväter, Kirchenliederdichter, Theologen	62
Deutsche Dichter und Schriftsteller	98
Internationale Dichter und Schriftsteller	149
Sprüche und Sprichwörter	166
Quellenangaben	179
Anlassregister	196

Vorwort

Die vorliegende Sammlung enthält 500 Zitate, Verse, Sentenzen, Aphorismen und Sprüche sowie Sprichwörter zum Sterben, zur Trauer und zum Tod aus mehr als zwei Jahrtausenden. Sie umfasst Worte aus dem Alten und Neuen Testament, aus der Philosophiegeschichte, aus der Geschichte des christlichen Glaubens und der Theologie, aus der deutschen und der internationalen Literatur und Sprichwörter aus vierzehn Kulturen.
Gewissermaßen als Gebrauchsanweisung dienen die beiden Kapitel „Eine Todesanzeige aufsetzen" und „Einem Menschen kondolieren".
Abgesehen von den Sprichwörtern und deren mündlicher Überlieferung ist jede abgedruckte Schriftstelle von mir im Original wie in der autorisierten Übersetzung nachgeschlagen, gelesen, mit Verfassernamen und Quellenort belegt und wiedergegeben worden. Die zusätzlichen in den Quellenangaben angegebenen Lebensdaten der Autoren dienen lediglich Ihrer vorläufigen Orientierung; weitere Informationen finden sich in diversen Lexika.
Ich freue mich, wenn dieses Buch Sie interessiert, und hoffe, dass es Ihnen ein guter Ratgeber wird. Weitere Informationen finden sich in: Klaus Dirschauer, Mitten im Leben – der Tod, Brennpunkt Gemeinde, Studienbrief S 41, Stuttgart 6/2003.
Ich lade Sie herzlich ein, mit mir über Ihre Erfahrungen zu kommunizieren: www.dirschauer.info

Klaus Dirschauer
Frühjahr 2005

Eine Todesanzeige aufsetzen

Die persönliche Ausgangssituation

Die Nachricht vom Tode eines nahen Menschen kann einen großen Schock auslösen. Der von einem Todesfall Betroffene fühlt sich in den ersten Stunden häufig derartig gelähmt, dass er zu überhaupt keinen Gefühlsregungen fähig ist. Lange herrscht der Ausdruck der Ungläubigkeit vor, nicht wahrhaben zu können und auch nicht wahrhaben zu wollen, was da eigentlich geschehen ist. Der Verlust ist noch gar nicht zu (er-)fassen.
Wichtig ist es, dass in einer solchen Situation nahe Menschen – Verwandte, Nachbarn, Freunde – einfach nur da sind. Der Arzt wird gerufen, um den Totenschein auszustellen. Der Geistliche wird gebeten, den Toten auszusegnen und später auch zu bestatten. Der Bestatter kommt, um den Toten zunächst zu versorgen, zu Hause oder im Bestattungsinstitut aufzubahren oder zu überführen. Er tut gut daran, das Beratungsgespräch nicht am gleichen Tage durchzuführen. Erfahrungsgemäß hält diese erste Phase der Trauer nur wenige Stunden an. Sie dauert nicht länger als ein bis zwei Tage.
Die erste Zeit ist vorwiegend durch gesellschaftlich-kulturelle Verhaltensmuster bestimmt. Sehr bald werden die ersten unumgänglichen Schritte im Blick auf die Bestattung überlegt und auch in Angriff genommen. In der Regel ist der Bestatter der erste Ansprechpartner der von einem Todesfall betroffenen Menschen. In dieser außergewöhnlichen Lebenssituation sind bereits die ersten Schritte des Abschiedsrituals zu klären, vorzubereiten und dann auch bald in Angriff zu nehmen. Die einzelnen Entscheidungen können helfen, sich des eingetretenen Todes bewusst zu werden: die Überführung des Verstorbenen aus dem eigenen Wohnbereich, aus dem Krankenhaus, von der Pflegestation, der Gerichtsmedizin in das Bestattungsinstitut, die Wahl der Bestattungsart,

die Auswahl des Sarges, die Aufbahrung und schließlich das Aufsetzen des Textes für den Trauerbrief und die private Todesanzeige.
Der innere Schmerz macht es besonders schwer, sich in einer derartigen Ausnahmesituation auch noch mit dem Entwurf einer Todesanzeige auseinandersetzen zu müssen. Eine solche Aufgabe wäre selbst im gewöhnlichen Alltag eine ganz ungewöhnliche Herausforderung. Für viele Menschen stellt die private Todesanzeige in der Tageszeitung immer auch eine öffentliche Lebensanzeige dar. In der Regel ist der Text der privaten Todesanzeige mit dem des Trauerbriefes identisch. Die Todesanzeige wird für die Tageszeitung formuliert und normalerweise dann auch für den persönlichen Trauerbrief übernommen.

Inhalt

Ein Blick in die privaten Todesanzeigen der Tageszeitungen lässt erkennen, wie komplex viele Todesanzeigen aufgebaut sind. Dabei zeigt sich ein Grundmuster dessen, was thematisiert wird:
1. Den eingetretenen *Todesfall* öffentlich bekannt geben: Namen, Lebensdaten, Termin, Ort und Art der Bestattung veröffentlichen.
2. Die Todesanzeige als *Sterbeanzeige* aufgeben: Umstandsbestimmungen des Todesortes, der Zeit, der Art und Weise hinzufügen.
3. Die Todesanzeige als *Traueranzeige* entwerfen: Reaktionen der Trauernden auf den Todeseintritt hervorheben.
4. Die Todesanzeige als *Lebensanzeige* konzipieren: Würdigung der Persönlichkeit, der Verdienste, des Lebenswerks unterstreichen.
5. Die Todesanzeige als *Transzendenzanzeige* aufsetzen: Hoffnung des Glaubens, der Religion, Philosophie akzentuieren.
6. Die Todesanzeige als *Danksagung* schreiben: Dank an die begleitenden ärztlichen und pflegerischen Mitarbeiter ausdrücken.
7. Die Todesanzeige als selbst formulierter *Nachruf:* Wortlaut wird in Ichform zu Lebzeiten selbst verfasst.

Dieser Überblick hilft, sich über die eigene Entscheidung klar zu werden:
- Welcher Typ soll der privaten Todesanzeige zu Grunde gelegt werden?
- Welche Informationen sind unverzichtbar?
- Welche Akzente – über die bloße Bekanntgabe des eingetretenen Todesfalls hinaus – sollen gesetzt werden?

Der erste Schritt

Die Grundfunktion der Todesanzeige besteht darin, die Daten bekannt zu geben, aus denen die Identität des Toten eindeutig hervorgeht:
- Vorname und Nachname,
- Geschlecht, soweit es aus dem Namen nicht hervorgeht, bzw. der Geburtsname,
- Alter bzw. Geburtstag und Todestag,
- Geburtsort und/oder Sterbeort,
- so weit üblich das Trauerhaus.

Unerlässlich sind weiter die Angaben über
- Bestattungsart (Kirche, Kapelle, Bestattungsinstitut oder Friedhof),
- Ort, Datum und Uhrzeit der Bestattung.

Eine Todesanzeige mit bloßen Lebensdaten – ähnlich wie auf Grabsteinen – sieht so aus:

Vorname Nachname

* Geburtsdaten † Todesdatum

Trauernde

Trauerhausanschrift

Zeit und Ort des Abschieds

Wenn der *Geburtsort* und der *Sterbeort* eine lebensgeschichtliche Bedeutung haben, können sie hinzugesetzt werden. In vielen Kulturen kommt dem Tod in der Fremde eine besondere Bedeutung zu und die Hinterbliebenen haben oft das Bedürfnis, das in der Anzeige zum Ausdruck zu bringen.

Um die eigene Wohnung während der Trauerfeierlichkeiten nicht als unbeaufsichtigt erscheinen zu lassen, kann auf eine *Traueranschrift* verzichtet werden. In dem Falle ist es sinnvoll, wegen der zugedachten Blumen, Kränze und Kondolenzgrüße die Anschrift des Bestattungsinstituts anzugeben.

Zweifellos wirkt eine solche Anzeige sehr sachlich und nüchtern. Aber ist sie damit bereits lieblos? Sie enthält die für die Leser notwendigen Informationen. Persönliche Mitteilungen über das Sterben, über die Trauer der von diesem Todesfall betroffenen Menschen, über eine Würdigung der Persönlichkeit oder des Lebenswerks des Toten fehlen. Diese Zurückhaltung kann durchaus beabsichtigt sein. Vielleicht ist diese Form eine wohlüberlegte Reaktion auf die mitunter überladenen Todesanzeigen. Aus der Nennung der Familienangehörigen sind biographische Schlüsse möglich.

Der zweite Schritt

Eine Todesanzeige erhält durch ein passendes *Zeitwort* einen ganz anderen Charakter (siehe die Sammlung sinn- und sachverwandter Verben auf Seite 29). Das Verb kann – bezogen auf den Toten und sein Sterben oder bezogen auf die um ihn Trauernden und deren Schmerz – die ambivalente Erfahrung des gegenseitigen Abschieds zum Ausdruck bringen:

- Lediglich *den Todesfall* veröffentlichen: *Wir geben die Nachricht vom Tode ... bekannt.*
- Den Todesfall *vom Sterben her* kund zu tun: *Er starb ..., Sie verunglückte ..., Er hat uns verlassen.*
- Den Todesfall *von der Trauer her* bekannt machen: *Ich trauere um ..., Wir nehmen Abschied von.*
- Den Todesfall *vom Transzendenzhorizont her* anzeigen: *Sein Lebenskreis ..., Ihr Leben hat sich vollendet.*
- Den eigenen Todesfall *selbst öffentlich* vorwegnehmen: *Ich bin nicht mehr.*

Der dritte Schritt

Der Klarheit und Verständlichkeit dient am besten die *satzweise Aussage in der privaten Todesanzeige.*

Unsere Mutter ist gestorben.

Vorname Nachname
geb. Nachname
* Geburtsdatum † Todesdatum

Trauernde,
namentlich

Zeit und Ort und Art des Abschieds

Die Anzeige konzentriert sich auf das Wesentliche: auf das Sterben und den Tod der Mutter und ihre Kinder, die den Tod anzeigen. Das Verb „ist gestorben" ist bewusst gewählt. Auf ergänzende Adjektive und Adverbien wird gänzlich verzichtet. Durch diesen Verzicht wird die Öffentlichkeit über den Todesfall angemessen unterrichtet. Leser, die diese Mutter und ihre Kinder näher kennen, vermögen das Ausmaß der Trauer zu verstehen.

Du kamst, du gingst mit leiser Spur,
ein flücht'ger Gast im Erdenland.
Woher? Wohin? Wir wissen nur:
Aus Gottes Hand in Gottes Hand.
(Ludwig Uhland)

Unser Sohn wurde jäh aus unserer Mitte gerissen:

Vorname Nachname
* Geburtsdatum † Todesdatum

Trauernde

Zeit und Ort und Art des Abschieds

Eine Todesanzeige aufsetzen

In dieser privaten Todesanzeige besteht eine große Spannung zwischen der poetischen Aussage des Uhland-Zitates und den Worten für das Todesereignis, das gewalttätig, plötzlich und zerstörerisch erscheint.

Aus diesen Sätzen geht die persönliche Situation der trauernden Familiemitglieder klar hervor: Da ist die Witwe, da sind die Kinder einschließlich Schwiegerkindern, die Enkel, die Schwester und die Nichte. Alle werden namentlich aufgeführt. Die verschiedenen Verben (beklagen, trauern um, Abschied nehmen) zeigen die Beziehung der Hinterbliebenen zu dem Verstorbenen und die Art und Weise ihrer Trauer. Das Kreuz ist ein Hinweis auf den Transzendenzhorizont des Glaubens.

Weniger ist mehr

Die Angabe der Hinterbliebenen folgt oft der Erbfolge des Bürgerlichen Gesetzbuches: Mein Mann, unser Vater und Großvater, mein Bruder und mein Onkel …

Offenbar klingt das zu sachlich, nüchtern, zu lieblos. Deshalb wird es gefühlsbetont und wertend aufgeladen: Mein *über alles geliebter* Mann, unser *herzensguter* Vater und *gütiger* Großvater, mein *lieber Bruder* und *guter* Onkel.

In Verbindung mit einem einzelnen Verb, z.B. „trauern", lautet der Entwurf jetzt:

Wir trauern um meinen *über alles geliebten* Mann,
unseren *herzensguten* Vater und *gütigen* Großvater,
meinen *lieben* Bruder und *guten* Onkel ...

Bei einem anderen Zeitwort, etwa „Abschied nehmen", kann noch eine Ergänzung, beispielsweise „in Trauer und Dankbarkeit", hinzukommen:

In Trauer und Dankbarkeit nehmen wir Abschied von
meinen *über alles geliebten* Mann,
unseren *herzensguten* Vater und *gütigen* Großvater,
meinen *lieben* Bruder und *guten* Onkel.

Ein solcher Text ist zweifellos Ausdruck der persönlichen Trauer. Er entspricht der Norm, wohl auch aus dem Bedürfnis heraus, mit der eigenen Veröffentlichung des Todesfalls nicht vom Üblichen abweichen oder überhaupt aufzufallen zu wollen.
Doch ist eine derartig gefühlsmäßige Aufladung noch angemessen? Entspricht sie der Familiensituation? Passt sie zum Todesfall? Stimmt sie zur Lebenswirklichkeit in den Familien? Oder widerspricht sie den Unversöhntheiten, Konflikten und Tragödien in den Familiengeschichten? Ehrlicher ist oft ein nüchterner Text, weniger ist oft mehr.
Besonders wichtig ist die Wahl des passenden Verbs, um das Sterben auszudrücken oder die Trauer über den eingetretenen Tod zu artikulieren (siehe auch Seite 29):
1. Verben die die *Trennung* ausdrücken: *die Augen für immer schließen, verlassen*,
2. Verben, die lediglich das *Sterben* oder den *Tod* konstatieren: *sterben, tot sein, Ruhe finden*,
3. Verben, die den *Todeseintritt brutal* betonen: *den Tod finden, aus dem Leben gerissen werden*,

4. Verben, die einen *Transzendenzhorizont* aufweisen: *sein Leben vollenden, Gott der Herr nahm ...,*
5. Verben, die die *Trauer* um einen Menschen ausdrücken: *erschüttert sein, trauern um, beklagen,*
6. Verben, die den *Todesfall* distanziert bekannt geben: *die Trauerfeier findet statt, wir geben zur Kenntnis.*

Zu guter Letzt

Beim Aufsetzen einer Todesanzeige kann es hilfreich sein, sich zu vergegenwärtigen, dass die Anzeige nach dem Ablauf einer Traueransprache konzipiert ist: Zuerst wird der Todesfall in der Trauersituation angesprochen. Dann erfolgt die biographische Würdigung der Persönlichkeit und ihres Lebenswerkes. Das geschieht im Rahmen des Dankes. Am Ende wird das Leben und Sterben im Trost- und Hoffnungshorizont der Transzendenz gesehen..
Zuerst ist eines der aufgeführten Grundmuster zu wählen, der *Anzeigentypus*. Dann wird das *zutreffende Verb* festgelegt. Vielleicht sind mehrere Entwürfe erforderlich, bis man die Anzeige als angemessen empfindet.
In keinem Fall ist zu empfehlen, den verstorbenen Menschen in der Todesanzeige persönlich anzusprechen und so zu tun, als läse er sie am nächsten Tag selbst in der Tageszeitung.

Einem Menschen kondolieren

Im Umgang mit Trauernden herrscht heute eine bemerkenswerte Unsicherheit. Wie soll man dem Menschen gegenübertreten, der von einem Todesfall persönlich betroffen ist? Welches Verhalten ist angemessen? Diese Frage verunsichert, selbst wenn das eigene Verhältnis zum Verstorbenen nicht so innig war. In welchem Zustand befindet sich der Trauernde? Auf welche Weise kann die eigene Anteilnahme angemessen zum Ausdruck kommen? Etwas kann jedoch Mut machen: In der offenherzigen Anteilnahme gibt es kein Falsch, wird jedes Stottern und Stammeln verziehen.

Was früher die Umgangsformen durch bestimmte Bräuche, Sitten und Traditionen wie von selbst regelten, trägt nicht mehr. Ja, gerade diesen ritualisierten Formen wird allgemein misstraut. Sie gelten als nicht stimmig oder gar als verlogen. Müssen diese Rituale sorgsam wieder angeeignet werden oder sind sie überholt? Und was könnte dann adäquat an ihre Stelle treten?

Die Unsicherheit, Menschen im Trauerfall zu begegnen, hat anthropologische, psychologische und kulturgeschichtliche Ursachen. Hier nur ein Hinweis zur Anthropologie:

Der Mensch muss – im Gegensatz zu allen andern Geschöpfen – sein Leben im Bewusstsein des Todes leben. In der Natur erscheint der Tod als ein notwendiges organisches Phänomen – Zellen teilen sich, Pflanzen sterben, Tiere verenden. Der Mensch weiß um seinen Tod, er weiß auch um die Not des eigenen Sterbens, er erlebt den Tod als Gegenüber.

Dieses Grauen muss einerseits verdrängt werden, um *überhaupt* leben zu können. Andererseits – und das ist das Dilemma – darf es nicht ganz und gar verdrängt werden, wenn der Mensch wirklich *gut* leben will.

Damit ist jede Verstärkung des Selbstbewusstseins an die Vertiefung der Todesangst geknüpft. Der Mensch schützt sich vor der Nichtigkeit und dem grauenvollen Nichts durch

schirmende Symbole, rettende Rituale und immer auch durch die Sprache, in der er Ängste teilen kann, indem er sie mitteilt.
Kondolieren bleibt also immer ein zwiefaches Unternehmen: Einerseits rührt es an die verdrängten Regionen und damit immer auch an den eigenen Fall, andererseits übersetzt es große Not in Sprache.

Die Todesnachricht

Wird der Todesfall durch einen Anruf von der Station einer Klinik, aus einem Alten- oder Pflegeheim, durch Arbeitskollegen oder seitens der Polizei mitgeteilt, wird dabei bereits meist formelhaft kondoliert. Beim Überbringen der Todesnachricht vollzieht sich eine *sprachliche Übersetzung* der Wirklichkeit:
Der in der Intensivstation eines Krankenhauses gestorbene Patientin ist friedlich eingeschlafen. Der vom Gerüst gestürzte Bauarbeiter ist tragisch verunglückt. Bei dem Autofahrer, der die Straßenverhältnisse oder die Geschwindigkeit seines Wagens falsch eingeschätzt hat, auf furchtbare Weise umgekommen ist und dabei noch andere getötet hat, wird von einem Verkehrsunfall mit zu beklagenden Opfern gesprochen. Von der Frau, die sich auf ihrem Dachboden erhängt hat, heißt es, sie sei tot aufgefunden worden.
Die Todesbotschaft muss erst verbalisiert, zur Sprache gebracht werden; das schließt bereits Schonung und Glättung ein. Der Todeseintritt muss ausgesprochen werden. Seine Wirklichkeit muss artikuliert werden. Dadurch werden diejenigen, die eine solche Nachricht übermitteln und ausrichten, sie endlich auch los.
Ein Trauerfall kann sehr unterschiedliche Reaktionen auslösen. Im Schockzustand ist ein begreifendes Annehmen der Todesbotschaft gar nicht, bestenfalls ein unbegreifliches Hinnehmen möglich. Selbst dann, wenn sich das Sterben durch eine vorausgegangene Krankheit oder ein unaufhaltsames Leiden bereits angekündigt hat, löst der Todeseintritt Erschrecken und Erschütterung aus.
Noch vor einer schriftlichen Formulierung der Todesnachricht auf dem Trauerbrief oder in der Tageszeitung geht die

mündliche Kunde um – wie ein Gerücht. Die Neuigkeit verbreitet sich wie der Wind: in der Familie und Verwandtschaft, im Freundeskreis, innerhalb und außerhalb des Hauses, in der Nachbarschaft, auf der Straße oder an der Arbeitsstelle.
Häufig stellt sich die Frage, ob überhaupt zu einem Trauerfall zu kondolieren ist oder es lieber unterlassen werden sollte. Dies reicht bis zu der Unsicherheit, ob man in einer solchen Situation eigentlich *„einen guten Tag"* wünschen kann, da es für die betroffenen Menschen überhaupt *kein guter Tag* ist. Die Befangenheit bezieht sich auf den Eindruck, unter dem man selbst steht und in dem man sich keiner alltäglichen oder formelhaften Sprache bedienen möchte: Um der Menschen willen, die unter dieser Todeswiderfahrnis leiden, verdient das Ereignis eine besondere Würdigung. Andererseits bedienen wir uns im Alltag bei der Begrüßung oder Verabschiedung eines Menschen formelhafter Sprachmuster. Erfordert der durch die Todessituation unterbrochene Alltag mehr? Die Unsicherheit bezieht sich wohl zunächst auf das Gebot der Höflichkeit, selbst in der Ausnahmesituation vom Tode betroffener Menschen nicht völlig einsilbig oder gar stumm da zu stehen. Völlig unmöglich ist es, einen Trauerfall überhaupt nicht zur Kenntnis nehmen zu wollen und darauf überhaupt nicht zu reagieren. Das hieße, einen Menschen in der Ausnahmesituation seines Lebens zu schneiden.
„Kondolieren" ist eine neulateinische Wortschöpfung aus dem 18. Jahrhundert in der Bedeutung „Mitgefühl ausdrücken". Das Mitleid, das ein Mensch einem anderen gegenüber empfindet, wird beim Kondolieren persönlich zum Ausdruck gebracht.

- Die Anteilnahme kann mit einer vorgedruckten Kondolenzkarte, die lediglich unterschrieben oder mit ein paar persönlichen Worten versehen wird, bekundet werden.
- Das Mitgefühl kann bei einem Kondolenzbesuch zum Ausdruck gebracht werden.
- Das Beileid kann auch durch einen persönlich aufgesetzten Kondolenzbrief bekundet werden.
- Ebenso denkbar sind nonverbale Gesten: ein Blumengruß, ein Händedruck, eine Umarmung.

Kulturgeschichtlich

Abgesehen von dem mündlichen Dienst des Leichenbitters auf dem Lande, der von Haus zu Haus ging, den Tod eines Nachbarn kund zu tun und zur Beerdigung einzuladen, wurde in den gehobenen Ständen des Adels und des Bürgertums des 18. Jahrhunderts die persönliche Anteilnahme am Tod eines bekannten Menschen schriftlich auf schwarz umrandeten Trauerbogen ausgedrückt. In der Spätbiedermeierzeit waren solche Trostschreiben – ähnlich wie es bei Glückwunschkarten in Mode kam – bereits mit dazu passenden Motiven verziert, beispielsweise weinenden Engeln, Grabsteinen, Urnen, Trauerweiden.
Erst um 1850 gab es visitenkartenkleine Billetts zu kaufen, die – schwarz oder silbern gerandet – romantische Vignetten zeigten. Ihre vorgedruckten Trostverse brauchten nur noch unterschrieben und mit Ort und Datum versehen zu werden. Seit 1900 gibt es auch ein breites Angebot an Faltkarten verschiedenen Formats in den Farbkombinationen weiß, dunkelgrau, lichtgrün, nachtblau, schwarz und silbern. Die aufgedruckten Motive sind geknickte Blumen, Grabsteine, Urnen, Zypressen, Engel, Kreuze, Palmzweige oder Kränze.
Diese traditionelle Form des Kondolierens ist in den letzten Jahrzehnten mehr und mehr fraglich geworden. Das mag mit der antiautoritären Bewegung Ende der 60er, Anfang der 70er Jahre des 20. Jahrhunderts zusammenhängen, mit der grundsätzlichen Kritik an den Institutionen *Ehe, Familie, Kirche und Staat* oder mit der Modernisierung der westlichen Gesellschaft. Die bisherigen Überlieferungen, die Sinn, Maßstab und Substanz verbürgten und das Zusammenleben mehr oder weniger garantierten, wurden kirchlich, gesellschaftlich und politisch radikal in Frage gestellt. Die traditionell geltenden Umgangsformen und Umgehensweisen verloren – auch in *Sachen Sterben, Tod und Trauer* – ihre Gültigkeit.
Es kam nicht mehr auf das äußerliche Sein, sondern ausschließlich auf das innere Bewusstsein an. Ein sichtbares – wenn auch vorübergehendes – Phänomen dieses neuen Bewusstseins bestand darin, dass seit den 70er Jahren viele Trauergäste zu den Beisetzungsfeierlichkeiten nicht mehr in

der entsprechenden Trauerkleidung erschienen. An die Stelle der noch selbst formulierten oder auch nur gestammelten Worte, die an den Trauernden persönlich gerichtet wurden, war die wortlose Anteilnahme getreten: die stille Trauer, die stumme Umarmung, der schweigende Händedruck. An Stelle der zugedachten Blumen, Gebinde und Kränze wurde um eine Geldüberweisung auf das Konto einer gemeinnützigen Organisation oder Bürgerinitiative gebeten. Die öffentliche Bekanntgabe eines Todesfalls nach der bereits vollzogenen Bestattung und die Entscheidung für eine anonyme Bestattung sind durchaus eine Konsequenz dieses wortlosen Trauerprozesses.

Zu den positiven Auswirkungen dieser Kulturkritik gehört auch, dass die Themen *Sterben, Tod und Trauer* heute allgemein eine ganz andere Aufmerksamkeit erfahren. Neben die unübersehbar gewordene Zahl von Veröffentlichungen der sozial-psychologischen Literatur sind anschauliche Dokumentationen der Trauerarbeit durch Selbsthilfegruppen, Initiativen und Hospizvereine getreten. Doch ebenso wie die innere Kompetenz in Sachen Trauer zugenommen zu haben scheint, ist aber auch die Unsicherheit in den einfachsten Gesten des Kondolierens gewachsen.

Die äußere Form

Früher schickte es sich, auf einen persönlich zugesandten Trauerbrief oder auf eine Trauerkarte immer zu reagieren und zu kondolieren. Man schrieb „An das Trauerhaus". Heute ist es üblich, den Kondolenzbrief an einen persönlichen Adressaten zu richten. Die Brief kann vor der Bestattung geschrieben werden; wird die Todesnachricht erst längere Zeit nach der Bestattung bekannt, ist ein Kondolenzbrief immer noch angemessen.

Persönliche Kondolenzbriefe sollten von einem ansprechenden Äußeren geprägt sein. Es empfiehlt sich, ein gutes, kräftiges Papier und einen entsprechenden Umschlag zu wählen. In jedem Fall ist der Maschinenschrift von Schreibmaschine oder Computer eine lesbare Handschrift vorzuziehen. Der gut leserliche Absender auf dem Briefumschlag erleichtert dem Empfänger später auch die Danksagung.

Einem Menschen kondolieren

Grundsätzlich ist zu bedenken, ob ein Kondolenzschreiben einer mündlich ausgesprochenen Kondolenz vorzuziehen ist, da es eine sehr persönliche Art des Gedächtnisses stiftet. Die Karte, die lediglich unterschrieben ist, wird auf das ausgewählte Bildmotiv und den eingedruckten Text hin angesehen. Die Unterschrift wird zur Kenntnis genommen. Das persönlich aufgesetzte Kondolenzschreiben dagegen erfährt eine ganz andere Aufmerksamkeit. Es wird gelesen, auch vorgelesen, weitergereicht, von anderen in der Familie durchgelesen und später wiederholt in die Hand genommen.

Inhalt

Ein persönliches Kondolenzschreiben enthält:
- eine angemessene Anrede des oder der von dem Todesfall unmittelbar betroffenen Menschen;
- einen Eingangssatz, der die eingetretene Ausnahmesituation des Lebens – beispielsweise das Sterben oder die Umstände des Todes – anspricht, ohne sie zu bewerten;
- einen Satz, der die persönliche Anteilnahme am Leid des anderen zum Ausdruck bringt;
- gegebenenfalls einen Satz der eigenen Würdigung des Wesens des Verstorbenen oder seines Lebenswerkes, allerdings ist eine große persönliche Vertrautheit oder zumindest die gleiche Ebene des gesellschaftlichen Ranges Voraussetzung;
- einen Schlusssatz, der behutsam einen Begleitwunsch und Gruß ausdrückt.

Hier ein Kondolenzbeispiel ZUM TODE DES SOHNES – VON EINEM BEKANNTEN GESCHRIEBEN:

Sehr verehrte Frau ..., sehr geehrter Herr ...,
die Nachricht vom Tode Ihres Sohnes macht auch uns traurig. Nun ist die lange Zeit des Hoffens und Bangens an ihr Ende gekommen und das Erschrecken über sein Lebensende doch so plötzlich da.
Seien Sie unserer Anteilnahme an seinem Sterben und Tod und in Ihrer Traurigkeit gewiss.
Ihnen herzlich verbunden
Ihre ...

Der Kondolenzgruß beginnt mit einer korrekten Anrede. Die Kondolenz findet in den Formulierungen „macht uns traurig", „Erschrecken", „unserer Anteilnahme gewiss" wie auch in der Verbundenheit des Grußes eine einfühlsame Nähe zu den Trauernden. Dabei ist die Realität des eingetretenen Todes (Nachricht vom Tode, Zeit an ihr Ende gekommen, Erschrecken über sein Lebensende, Sterben und Tod, Traurigkeit) durchaus angesprochen.

Zum Tode des Kindes – von Nachbarn aus der Strasse geschrieben

Liebe Frau…, lieber Herr…,
die Nachricht vom plötzlichen Tod Ihrer Tochter erschreckt uns unbeschreiblich.
A.s Tod lässt uns immer wieder innehalten.
Welch ein entsetzlicher Verlust für Sie – und auch für uns.
Wir trauern mit Ihnen.
Ihre …

Die Kondolenzkarte beginnt mit einer vertrauten Anrede und bezieht sich auf die Nachricht vom Tod, er ist „plötzlich" eingetreten. Die gestorbene Tochter wird beim Namen genannt. Die Reaktion auf das Todesereignis wird durch Zeitworte stark hervorgehoben: „erschrecken", „inne halten", „trauern".

Zum Tode der Patentante

Lieber Onkel H.,
dass nun Deine Frau, meine liebe Tante J., wie ich sie seit Kindesbeinen immer genannt habe, nicht mehr leben soll, kann ich noch gar nicht so recht fassen. Ich trauere mit Dir um Deine Frau und umarme Dich herzlich.
Dein …

Der Kondolenzbrief wirkt sehr natürlich, da er aus der persönlichen Umgangsweise mit der Tante und dem Onkel heraus formuliert worden ist und auch Raum für Erinnerungen lässt.

Rücksichtnahme

Gefühlsmäßig aufgeladene Briefe – mögen sie noch so tief empfunden sein – wirken unter Umständen nicht nur peinlich, sondern bürden den eigenen Schmerz, das eigene Leid und Entsetzen über den Todesfall dem Trauernden zusätzlich auf – als hätte er nicht schon genug zu ertragen. Im Gespräch lässt das gegenseitige Verstehen eine gewisse Toleranz zu. Was schriftlich mitgeteilt und gelesen wird, hat mehr dokumentarischen Charakter.
Deshalb ist in Kondolenzbriefen grundsätzlich ein sparsamer Umgang mit Worten geraten. Besonders sparsam eingesetzt werden sollten Umstandswörter, die das Zeitwort unterstützen – beispielsweise „tief betroffen", tief empfunden" – und ebenso Eigenschaftswörter, die das Hauptwort begleiten – beispielsweise „aufrichtiges Mitleid". Die einfache Form, „betroffen sein", „empfinden" oder „Mitleid ausdrücken", spricht für sich und bleibt echt. Jede Form der Steigerung ist unnötig. Die Redewendung „mein aufrichtigstes" oder „mein herzlichstes Beileid" ist ein Ausdruck sprachlicher Inflation – so als gebe es ein weniger aufrichtiges oder herzliches Beileid.
Hier ein Kondolenzbeispiel ZUM TODE DER ALTEN MUTTER – VON EINER NACHBARIN GESCHRIEBEN, das sich durch einfache Wortwahl auszeichnet:

Lieber Herr …,
als gestern Abend die Nachricht vom Tode Ihrer Mutter bei uns eintraf, dachten wir gleich an das Gespräch, das wir vor einiger Zeit mit Ihnen hatten. Wunderbare Stunden des Abschiednehmens und dann doch wieder ins Leben zurückfinden – durften Sie mit Ihrer Mutter erleben.
Wir werden in der Stunde des Abschieds in Gedanken bei Ihnen sein und grüßen Sie und Ihre Familie.
Ihre …

Die Anrede erscheint vertraut. Das Kondolenzschreiben lebt von einem guten Einvernehmen. Die Kondolenz setzt ein beiderseitiges Einverständnis mit dem Todeseintritt voraus. Sehr schön verbindet es ein vergangenes mit einem zukünftigen Moment: Der Brief erinnert an das Gespräch über die sterbende Mutter und versichert den Beistand in der Stunde der Beerdigung.

Zum Tode des Ehemanns – von nahen Freunden geschrieben

Liebe G.,
auch uns hat die schreckliche Nachricht vom Tode Deines Mannes erreicht. Inmitten unserer Erinnerungen an N. erschüttert uns das Unfassbare.
Wir weinen mit Dir und Deinen Kindern.
Deine ...

Der Kondolenzgruß in vertrauter Anredeweise nimmt auf die Nachricht vom Tode Bezug. Sie wird als „erschreckend" empfunden. Der Tod wird mit den lebendigen Erinnerungen konfrontiert, um das Unfassbare in Worte fassen zu können: *weinen*.

Zum Tode des Vaters – von guten Bekannten

Sehr geehrte Frau M., sehr geehrter Herr M.,
auch uns macht die Nachricht, dass Ihr Vater gestorben ist, sehr traurig. Mag sich das Ende seines Lebens auch schon abgezeichnet haben, uns erschien sein Lebenswille trotz seiner Krankheit noch so ungebrochen.
Er wird uns sehr fehlen.
Ihre ...

Die Kondolenzkarte mit korrekter Anrede bezieht sich auf die Nachricht des Todes. Aus der Gegenüberstellung von Lebenserwartung und der Lebenswillen heraus wird die Anteilnahme zurückhaltend formuliert.

Kondolenzbeispiel zum Tode der Ehefrau – später von einem Freund geschrieben:

Mein lieber ...
ich komme von einer kurzen Urlaubsreise zurück und finde die Nachricht vor, die mich ungemein bewegt.
Es muss etwas ganz Überraschendes, Schlimmes passiert sein,

denn ich entnehme der Todesanzeige den Hinweis auf einen "Schrecken über den jähen Tod". Die Ortsangabe lässt mich vermuten, dass das Ganze auf einer Urlaubsreise geschehen sein muss.
Ich versuche mich in Dich hineinzuversetzen, weil ich ja doch nun selbst eine Ahnung davon habe, was es heißt, viele Jahre gemeinsamen Lebens gehabt zu haben.
Nun ist diese schöne Zeit plötzlich zu Ende und die große Frage nach dem Warum steht auch für Dich da. Mir geht es bei solchen Nachrichten noch immer so, dass mich ernste Zweifel darüber befallen, was es denn mit der Liebe Gottes eigentlich auf sich habe.
Lieber …, wenn ich irgendetwas für Dich tun kann, wenn Du ein paar Tage zu mir kommen willst oder sonst etwas, dann bitte lass es mich wissen.
Herzlich Dein …

Die Anrede und der Gruß deuten auf eine große Vertrautheit hin, die sich auch in den Angeboten am Ende des Kondolenzbriefes ausdrückt. Die persönliche Nähe ist spontan und direkt zum Ausdruck gebracht, indirekt wird sie durch eine einfühlsame Interpretation des Textes der Todesanzeige hergestellt. Der Kondolierende nähert sich zuerst der Situation des Trauernden an, um dann im Vergleich seiner eigenen Lebenssituation behutsam füreinander die Glaubensfrage zu stellen.

Kondolenzbeispiel ZUM TODE DER EHEFRAU – VON EINEM BEKANNTEN GESCHRIEBEN:

Lieber Herr …,
soeben erreicht uns die Anzeige von dem plötzlichen Tod Ihrer Frau. Wir danken Ihnen, dass Sie uns an diesem Verlust und an der Trauer Anteil geben. Wir sind erschrocken. Das Psalmwort in Ihrer Anzeige "Meine Tage sind eine Handbreit bei dir" – es ist schwer, das zu lernen. Aber "bei dir" gibt ja auch Trost, denn alle unsere Tage, ob wir leben oder sterben, können wir in Gottes Hand aufgehoben wissen.
Dieser kleine Gruß möchte ein Zeichen dafür sein, lieber Herr …, dass wir uns mit Ihnen und Ihrer Familie, auch mit Ihrer Frau, dankbar verbunden wissen.
Ihre …

Auch dieses Kondolenzschreiben nennt zuerst den Empfang der Todesnachricht. „Wir danken Ihnen, dass Sie uns an diesem Verlust und an der Trauer Anteil geben" – dieser Satz erscheint zunächst ungewöhnlich, doch dieser Dank drückt die eigentliche Kondolenz aus. Der Inhalt des Briefes bezieht sich auf das Psalmwort in der Todesanzeige und leitet daraus einen persönlichen Trost ab.

Zum Tode eines Kollegen

Sehr verehrte Frau L.,
ich bin betroffen von der Nachricht des Todes Ihres Mannes, meines langjährigen Kollegen. Wehmütig blicke ich jetzt auf seinen Arbeitsplatz, denn ich habe all die Jahre gern mit ihm zusammengearbeitet und seine persönliche Kompetenz geschätzt.
Seien Sie und Ihre Kinder K. und D. meines Mitgefühls gewiss.
Ihr …

Korrekt beginnt die Kondolenzkarte mit „betroffen sein". Das Mitgefühl für die Witwe des Kollegen findet in der positiven Würdigung des gemeinsamen Arbeitsalltags: „wehmütig blicken", „gern zusammenarbeiten", „Kompetenz schätzen".

Zum Tode des Vorgesetzten

Sehr verehrte Frau S.,
schnell hat sich die Nachricht vom Tode Ihres Gatten, unseres hoch geschätzten Direktors, in unserer Firma herumgesprochen. Wir sind von seinem Tod alle sehr betroffen.
Ich möchte Ihnen persönlich meine Anteilnahme aussprechen.
Ihr …

Die Anrede- und Ausdrucksweise lässt die Hochachtung erkennen, aus der heraus mit dem angemessenen Respekt kondoliert wird.

Wortgeschenke

Auf literarische Quellen zurückzugreifen, kann dazu beitragen, die eigenen Gedanken zu ordnen und die eigenen Empfindungen zu klären. Auch wenn der Todesfall zu stark an die eigene Seele rührt, kann ein Gedicht, ein Vers, eine Zeile oder ein Aphorismus als ein Wortgeschenk verwendet werden. Der Autor des Zitats sollte immer angegeben werden. Ein zitierter Text kann dem Brief wie ein Motto vorangestellt oder auch im Brieftext wiedergegeben werden.

Sinn- und sachverwandte Verben zu *sterben*

Verben, um den Todesfall nur zu *veröffentlichen*
- den Tod bekannt geben
- die Pflicht erfüllen, den Tod von ... bekannt zu geben
- zur Kenntnis geben
- die Nachricht vom Tode erhalten
- die Trauerfeier findet statt
- wortlos, verblos (*...†)

Verben, um den Todeseintritt zu *bekräftigen*
- tot sein
- beendet sein
- nicht mehr sein, nicht mehr unter uns sein
- lebt nicht mehr
- ableben
- sterben
- versterben

Verben, um die *Trennung* auszudrücken
- die Augen für immer schließen
- einschlafen, entschlafen
- entschlummern, hinüberschlummern
- Abschied nehmen
- Adieu sagen
- abscheiden, dahinscheiden, hinscheiden, verscheiden
- gehen, dahingehen, davongehen, weggehen, von uns gehen, von hinnen gehen
- folgen
- verlassen, zurücklassen
- verlieren
- fehlen werden
- abgerufen, heimgerufen werden

Sinn- und sachverwandte Verben zu *sterben*

- erlöst werden
- aus dem Leben gehen, scheiden, geführt, genommen werden
- aus dieser Welt gehen
- sein Leben verlieren
- den Geist aufgeben
- von der Bühne, vom Schauplatz des Lebens abtreten
- die Uhr ist abgelaufen
- die letzte Fahrt, die letzte Reise, den letzten Weg antreten
- die Schwelle des Todes überschreiten
- zur großen Armee abberufen werden
- der Erde übergeben
- ins Grab senken
- Ruhe finden, zur Ruhe betten, geleiten
- ein frühes Grab, ein feuchtes Grab, ein Seemannsgrab finden
- den Seemannstod finden
- auf See bleiben

Verben, um einen *gewaltsamen* Todeseintritt zu betonen
- das Herz bleibt stehen
- den Tod finden, zu Tode kommen
- aus dem Leben gerissen, aus der Mitte entrissen werden
- genommen werden
- dahin gerafft werden
- sein Leben verlieren
- umkommen, ums Leben kommen
- getötet werden, ermordet werden
- nicht überleben
- zu Grunde gehen
- der Krankheit, den Schmerzen, den Verletzungen erliegen
- ertrinken
- verunglücken, tödlich verunglücken
- Opfer werden

Verben, um die *Trauer* zum Ausdruck zu bringen
- trauern um, betrauern, traurig sein über
- weinen um
- beklagen, dass, den Tod, das Opfer beklagen
- erschüttert sein
- bestürzt sein

Sinn- und sachverwandte Verben zu *sterben*

- sehr vermissen
- danken für, danken, dass
- niemals als verloren geben
- unser Herz ist voll
- ein Herz hat aufgehört zu schlagen
- Erinnerungen berühren
- genommen werden
- heimgerufen
- Frieden finden

Verben für den *Hoffnungshorizont*
- sein Dasein, Leben beenden
- vollenden, Leben, vollenden, Dasein vollenden
- ein Leben, die Seele aushauchen
- das Zeitliche segnen
- sich zu den Vätern versammeln, versammelt werden
- die sterbliche Hülle ablegen
- die Feder aus der Hand legen
- zur ewigen Ruhe, zum ewigen Frieden eingehen
- der Lebenskreis hat sich geschlossen
- der Tod holte, holte heim
- vom Tode ereilt, erlöst werden
- sein Leben in die Hand des Schöpfers zurückgeben
- Gott der Herr nahm
- Gott dem Herrn hat es gefallen
- Gott sprach das große Amen
- zum himmlischen Vater heimkehren, heimgerufen werden

500 Weisheiten und Zitate

Bibel

1

Der Herr segne dich und behüte dich;
der Herr lasse sein Angesicht leuchten über dir
und sei dir gnädig;
der Herr hebe sein Angesicht über dich
und gebe dir Frieden.
(4. Buch Mose 6,24-26)

2

Gott spricht:
Siehe, ich habe dir geboten,
dass du getrost
und unverzagt seist.
Lass dir nicht grauen
und entsetze dich nicht;
denn der Herr, dein Gott,
ist mit dir in allem,
was du tun wirst.
(Josua 1,9)

3

Denn wir sind Fremdlinge und Gäste
vor dir wie unsere Väter alle.
Unser Leben auf Erden
ist wie ein Schatten
und bleibet nicht.
(1. Chronik 29,15)

4

Denn was ich gefürchtet habe,
ist über mich gekommen,
und wovor mir graute,
hat mich getroffen.
(Hiob 3,25)

5

Der Mensch,
vom Weibe geboren,
lebt kurze Zeit
und ist voll Unruhe,
geht auf wie eine Blume
und fällt ab,
flieht wie ein Schatten
und bleibt nicht.
(Hiob 14,1-2)

6

Ich weiß, dass mein Erlöser lebt, und als der Letzte wird er über dem Staub sich erheben. Und ist meine Haut noch so zerschlagen und mein Fleisch dahingeschwunden, so werde ich doch Gott sehen. Ich selbst werde ihn sehen, meine Augen werden ihn schauen. Danach sehnt sich mein Herz.
(Hiob 19,25-27)

7

Herr, sei mir gnädig,
denn ich bin schwach;
heile mich, Herr,
denn meine Gebeine sind erschrocken
und meine Seele ist sehr erschrocken.
Ach du, Herr, wie lange!
Wende dich, Herr,
und errette mich,
hilf mir um deiner Güte willen.
Ich bin so müde vom Seufzen.

Mein Auge ist trübe geworden vor Gram
und matt, weil meiner Bedränger so viele sind.
Der Herr hört mein Flehen;
Mein Gebet nimmt der Herr an.
(Psalm 6,3-5. 7a. 7c. 8. 10)

8

Bewahre mich, Gott;
denn ich traue auf dich.
Ich weiß von keinem Gut außer dir.
Denn du wirst mich nicht dem Tode überlassen.
Du tust mir kund den Weg zum Leben:
Vor dir ist Freude die Fülle
und Wonne zu deiner Rechten ewiglich.
(Psalm 16,1. 2b. 10a. 11)

9

Mein Gott, mein Gott,
warum hast du mich verlassen?
Ich schreie,
aber meine Hilfe ist ferne.
Mein Gott,
des Tages rufe ich,
doch antwortest du nicht,
und des Nachts,
doch finde ich keine Ruhe.
Unsere Väter hofften auf dich;
und da sie hofften,
halfst du ihnen heraus.
Zu dir schrien sie
und wurden errettet,
sie hofften auf dich
und wurden nicht zuschanden.
(Psalm 22,2-3. 5-6)

10

Der Herr ist mein Hirte,
mir wird nichts mangeln.
Er weidet mich auf einer grünen Aue
und führet mich zu frischem Wasser.
Er erquicket meine Seele.
Er führet mich auf rechter Straße
um seines Namens willen.
Und ob ich schon wanderte im finstern Tal,
fürchte ich kein Unglück;
denn du bist bei mir,
dein Stecken und Stab trösten mich.
Du bereitest vor mir einen Tisch
im Angesicht meiner Feinde.
Du salbest mein Haupt mit Öl
und schenkest mir voll ein.
Gutes und Barmherzigkeit werden mir
folgen mein Leben lang
und ich werde bleiben im Hause des Herrn immerdar.
(Psalm 23)

11

Ich glaube aber doch,
dass ich sehen werde
die Güte des Herrn
im Lande der Lebendigen.
(Psalm 27,13)

12

In deine Hände befehle ich meinen Geist;
du hast mich erlöst, Herr, du treuer Gott.
(Psalm 31,6)

13

Ich habe mir vorgenommen:
Ich will mich hüten,
dass ich nicht sündige mit meiner Zunge;

ich will meinem Mund einen Zaum anlegen,
solange ich den Gottlosen vor mir sehen muss.
Ich bin verstummt
und still
und schweige der Freude
und muss mein Leid in mich fressen.
Mein Herz ist entbrannt in meinem Leibe;
wenn ich daran denke,
brennt es wie Feuer.
So rede ich denn mit meiner Zunge.
Herr, lehre mich doch,
dass es ein Ende mit mir haben muss
und mein Leben ein Ziel hat
und ich davon muss.
Siehe, meine Tage sind eine Handbreit bei dir,
und mein Leben ist wie nichts vor dir.
Wie gar nichts sind alle Menschen,
die doch so sicher leben!
Sie gehen daher wie ein Schatten
und machen sich viel vergebliche Unruhe;
sie sammeln und wissen nicht,
wer es einbringen wird.
Nun, Herr, wessen soll ich mich trösten?
Ich hoffe auf dich.
Errette mich aus aller meiner Sünde
und lass mich nicht den Narren zum Spott werden.
Ich will schweigen
und meinen Mund nicht auftun;
denn du hast es getan.
Wende deine Plage von mir; ich vergehe,
weil deine Hand nach mir greift.
Wenn du den Menschen züchtigst um der Sünde willen,
so verzehrst du seine Schönheit wie Motten ein Kleid.
Wie gar nichts sind doch alle Menschen.
Höre mein Gebet, Herr,
und vernimm mein Schreien,
schweige nicht zu meinen Tränen;
denn ich bin ein Gast bei dir,
ein Fremdling wie alle meine Väter.
Lass ab von mir, dass ich mich erquicke,
ehe ich dahinfahre und nicht mehr bin.
(Psalm 39,2-14)

14

Wie der Hirsch lechzt nach frischem Wasser,
so schreit meine Seele, Gott, zu dir.
Meine Seele dürstet nach Gott,
nach dem lebendigen Gott.
Wann werde ich dahin kommen,
dass ich Gottes Angesicht schaue?
Meine Tränen sind meine Speise Tag und Nacht,
weil man täglich zu mir sagt: Wo ist nun dein Gott?
Daran will ich denken.
Was betrübst du dich, meine Seele,
und bist so unruhig in mir?
Harre auf Gott; denn ich werde ihm noch danken,
dass er meines Angesichtes Hilfe und mein Gott ist.
(Psalm 42,2-6)

15

Meine Seele ist stille zu Gott, der mir hilft.
Denn er ist mein Fels, meine Hilfe, mein Schutz,
dass ich gewiss nicht fallen werde.
Bei Gott ist mein Heil und meine Ehre,
der Fels meiner Stärke,
meine Zuversicht ist bei Gott.
Hoffet auf ihn allezeit, liebe Leute,
schüttet euer Herz vor ihm aus.
Gott ist unsre Zuversicht.
Eines hat Gott geredet,
ein Zweifaches habe ich gehört:
Gott allein ist mächtig,
und du, Herr, bist gnädig;
denn du vergiltst einem jeden,
wie er's verdient hat.
(Psalm 62,2-3. 8-9. 12-13)

16

Gott ist dennoch Israels Trost
für alle, die reinen Herzens sind.
Dennoch bleibe ich stets an dir;

denn du hältst mich bei meiner rechten Hand,
du leitest mich nach deinem Rat
und nimmst mich am Ende mit Ehren an.
Wenn ich nur dich habe,
so frage ich nichts nach Himmel und Erde.
Wenn mir gleich Leib und Seele verschmachtet,
so bist du doch, Gott, allezeit
meines Herzens Trost und mein Teil.
(Psalm 73,23-26)

17

Ich rufe zu Gott
und schreie um Hilfe,
zu Gott rufe ich
und er erhört mich.
In der Zeit meiner Not
suche ich den Herrn;
meine Hand ist des Nachts ausgereckt
und lässt nicht ab;
denn meine Seele will sich nicht trösten lassen.
Ich denke an Gott – und bin betrübt;
ich sinne nach – und mein Herz ist in Ängsten.
Meine Augen hältst du,
dass sie wachen müssen;
ich bin so voll Unruhe,
dass ich nicht reden kann.
Ich gedenke der alten Zeit,
der vergangenen Jahre.
Ich denke
und sinne des Nachts
und rede mit meinem Herzen,
mein Geist muss forschen.
Wird denn der Herr auf ewig verstoßen
und keine Gnade mehr erweisen?
Ist's denn ganz und gar aus mit seiner Güte,
und hat die Verheißung für immer ein Ende?
Hat Gott vergessen,
gnädig zu sein,
oder sein Erbarmen im Zorn verschlossen?
Ich sprach:

Darunter leide ich,
dass die rechte Hand des Höchsten sich so ändern kann.
Darum denke ich an die Taten des Herrn,
ja, ich denke an deine früheren Wunder
und sinne über alle deine Werke
und denke deinen Taten nach.
Gott, dein Weg ist heilig.
Wo ist ein so mächtiger Gott, wie du, Gott, bist?
(Psalm 77,1-14)

18

Herr, du bist unsre Zuflucht für und für.
Ehe denn die Berge wurden
und die Erde und die Welt geschaffen wurden,
bist du, Gott, von Ewigkeit zu Ewigkeit.
Der du die Menschen lässest sterben und sprichst:
Kommt wieder, Menschenkinder!
Denn tausend Jahre sind vor dir wie der Tag,
der gestern vergangen ist,
und wie eine Nachtwache.
Du lässest sie dahinfahren wie einen Strom,
sie sind wie ein Schlaf,
wie ein Gras,
das am Morgen noch sprosst,
das am Morgen blüht und sprosst
und des Abends welkt und verdorrt.
Das macht dein Zorn,
dass wir so vergehen,
und dein Grimm,
dass wir so plötzlich dahin müssen.
Denn unsre Missetaten stellst du vor dich,
unsre unerkannte Sünde ins Licht vor deinem Angesicht.
Darum fahren alle unsre Tage dahin durch deinen Zorn,
wir bringen unsre Jahre zu wie ein Geschwätz.
Unser Leben währet siebzig Jahre,
und wenn's hoch kommt, so sind's achtzig Jahre,
und was daran köstlich scheint, ist doch nur vergebliche Mühe;
denn es fähret schnell dahin, als flögen wir davon.
Wer glaubt's aber,
dass du so sehr zürnest,

und wer fürchtet sich vor dir in deinem Grimm?
Lehre uns bedenken,
dass wir sterben müssen,
auf dass wir klug werden.
(Psalm 90,1-12)

19

Gott weiß, was für ein Gebilde wir sind;
er gedenkt daran, dass wir Staub sind.
Ein Mensch ist in seinem Leben wie Gras,
er blüht wie eine Blume auf dem Felde;
wenn der Wind darüber geht, so ist sie nimmer da,
und ihre Stätte kennet sie nicht mehr.
Die Gnade aber des Herrn währt von Ewigkeit zu Ewigkeit
über denen, die ihn fürchten,
und seine Gerechtigkeit auf Kindeskind bei denen,
die seinen Bund halten und gedenken an seine Gebote,
dass sie danach tun.
(Psalm 103,14-18)

20

Aus der Tiefe rufe ich, Herr, zu dir.
Herr, höre meine Stimme!
Lass deine Ohren merken auf die Stimme meines Flehens!
Wenn du, Herr, Sünden anrechnen willst – Herr, wer wird bestehen?
Denn bei dir ist die Vergebung, dass man dich fürchte.
Ich harre des Herrn, meine Seele harret, und ich hoffe auf sein Wort.
Meine Seele wartet auf den Herrn mehr als die Wächter auf den Morgen;
mehr als die Wächter auf den Morgen hoffe Israel auf den Herrn!
Denn bei dem Herrn ist die Gnade und viel Erlösung bei ihm.
Und er wird Israel erlösen aus allen seinen Sünden.
(Psalm 130,1-8)

21

Ein jegliches hat seine Zeit
und alles Vorhaben unter dem Himmel hat seine Stunde:
geboren werden hat seine Zeit, sterben hat seine Zeit;
pflanzen hat seine Zeit, ausreißen, was gepflanzt ist, hat seine Zeit;
töten hat seine Zeit, heilen hat seine Zeit;
abbrechen hat seine Zeit, bauen hat seine Zeit;
weinen hat seine Zeit, lachen hat seine Zeit;
klagen hat seine Zeit, tanzen hat seine Zeit;
Steine wegwerfen hat seine Zeit, Steine sammeln hat seine Zeit;
herzen hat seine Zeit, aufhören zu herzen hat seine Zeit;
suchen hat seine Zeit, verlieren hat seine Zeit;
behalten hat seine Zeit, wegwerfen hat seine Zeit;
zerreißen hat seine Zeit, zunähen hat seine Zeit;
schweigen hat seine Zeit, reden hat seine Zeit;
lieben hat seine Zeit, hassen hat seine Zeit;
Streit hat seine Zeit, Friede hat seine Zeit.
Man mühe sich ab, wie man will, so hat man keinen Gewinn davon.
Ich sah die Arbeit, die Gott den Menschen gegeben hat, dass sie sich damit plagen.
Er hat alles schön gemacht zu seiner Zeit, auch hat er die Ewigkeit in ihr Herz gelegt; nur dass der Mensch nicht ergründen kann das Werk, das Gott tut, weder Anfang noch Ende.
(Prediger Salomo 3,1-11)

22

Lege mich wie ein Siegel auf dein Herz,
wie ein Siegel auf deinen Arm.
Denn Liebe ist stark wie der Tod
und Leidenschaft unwiderstehlich wie das Totenreich.
Ihre Glut ist feurig und eine Flamme des Herrn.
(Hohes Lied 8,6)

23

Die Erlösten des Herrn werden wiederkommen
und nach Zion kommen mit Jauchzen;
ewige Freude wird über ihrem Haupte sein;
Freude und Wonne werden sie ergreifen
und Schmerz und Seufzen wird entfliehen.
(Jesaja 35,10)

24

Alles Fleisch ist Gras und alle seine Güte ist
wie eine Blume auf dem Felde.
Das Gras verdorrt, die Blume verwelkt,
aber das Wort unseres Gottes bleibt ewiglich.
(Jesaja 40,6.8)

25

Fürchte dich nicht, denn ich habe dich erlöst;
ich habe dich bei deinem Namen gerufen; du bist mein!
(Jesaja 43,1)

26

Es sollen wohl Berge weichen und Hügel hinfallen,
aber meine Gnade soll nicht von dir weichen
und der Bund meines Friedens soll nicht hinfallen,
spricht der Herr, dein Erbarmer.
(Jesaja 54,10)

27

Denn meine Gedanken sind nicht eure Gedanken
und eure Wege sind nicht meine Wege,
spricht der Herr;
sondern soviel der Himmel höher ist als die Erde,
so sind auch meine Wege höher als eure Wege
und meine Gedanken als eure Gedanken.
(Jesaja 55,8-9)

28

Ich weiß wohl,
was ich für Gedanken über euch habe,
spricht der Herr:
Gedanken des Friedens und nicht des Leides,
dass ich euch Zukunft und Hoffnung gebe.
Und ihr werdet mich anrufen und hingehen
und mich bitten und ich will euch erhören.
Ihr werdet mich suchen und finden,
denn wenn ihr mich von ganzem Herzen suchen werdet,
so will ich mich von euch finden lassen, spricht der Herr.
(Jeremia 29,11-14)

29

Kommt, wir wollen wieder zum Herrn;
denn er hat uns zerrissen,
er wird uns auch heilen,
er hat uns geschlagen,
er wird uns auch verbinden.
Er macht uns lebendig nach zwei Tagen,
er wird uns am dritten Tage aufrichten,
dass wir vor ihm leben werden.
(Hosea 6,1-2)

30

Neige dein Ohr,
mein Gott,
und höre.
Denn wir liegen vor dir mit unserm Gebet
und vertrauen nicht auf unsere Gerechtigkeit,
sondern auf deine große Barmherzigkeit.
Ach Herr, höre!
Ach Herr, sei gnädig!
(Daniel 9,18-19)

31

Als es aber mit ihm zum Sterben ging, sprach er:
Das ist für uns ein großer Trost:
die Menschen können uns töten,
aber wir hoffen auf Gottes Verheißung,
dass er uns wieder auferwecken wird;
du aber wirst nicht auferweckt werden zum Leben.
(2. Makkabäer 7,14)

32

Eine böse Stunde lässt alle Freude vergessen;
und wenn der Mensch stirbt,
tritt erst hervor, wie er gelebt hat.
Darum rühme niemand vor seinem Ende;
denn was einer für ein Mensch gewesen ist,
das zeigt sich in seiner Todesstunde.
(Sirach 11,28-29)

33

Kommt her zu mir, alle, die ihr mühselig und beladen seid; ich will euch erquicken. Nehmt auf euch mein Joch und lernt von mir; denn ich bin sanftmütig und von Herzen demütig; so werdet ihr Ruhe finden für eure Seelen.
(Matthäus 11,28-29)

34

Zu derselben Stunde traten die Jünger zu Jesus und fragten: Wer ist doch der Größte im Himmelreich? Jesus rief ein Kind zu sich und stellte es mitten unter sie und sprach: Wahrlich, ich sage euch: Wenn ihr nicht umkehrt und werdet wie die Kinder, so werdet ihr nicht ins Himmelreich kommen.
Wer nun sich selbst erniedrigt und wird wie dies Kind, der ist der Größte im Himmelreich. Seht zu, dass ihr nicht einen von diesen Kleinen verachtet. Denn ich sage euch: Ihre Engel im Himmel sehen allezeit das Angesicht meines Vaters im Himmel. Denn der Menschensohn ist gekommen, selig zu machen, was verloren ist.
(Matthäus 18,1-4. 10-11)

35

Und sie brachten Kinder zu ihm, damit er sie anrühre. Die Jünger aber fuhren sie an. Als es aber Jesus sah, wurde er unwillig und sprach zu ihnen: Lasst die Kinder zu mir kommen und wehret ihnen nicht; denn solchen gehört das Reich Gottes. Wahrlich, ich sage euch: Wer das Reich Gottes nicht empfängt wie ein Kind, der wird nicht hineinkommen. Und er herzte sie und legte die Hände auf sie und segnete sie.
(Markus 10,13-16)

36

Und du, Kindlein, wirst ein Prophet des Höchsten heißen. Durch die herzliche Barmherzigkeit unseres Gottes, durch die uns besuchen wird das aufgehende Licht aus der Höhe, damit es erscheine denen, die sitzen in Finsternis und Schatten des Todes, und richte unsere Füße auf den Weg des Friedens.
(Lukas 1,76a. 78-79)

37

Denn also hat Gott die Welt geliebt, dass er seinen eingeborenen Sohn gab, damit alle, die an ihn glauben, nicht verloren werden, sondern das ewige Leben haben.
(Johannes 3,16)

38

Ich bin der gute Hirte und kenne die Meinen und die Meinen kennen mich, wie mich mein Vater kennt, und ich kenne den Vater. Und ich lasse mein Leben für die Schafe. Meine Schafe hören meine Stimme und ich kenne sie und sie folgen mir; und ich gebe ihnen das ewige Leben und sie werden nimmermehr umkommen und niemand wird sie aus meiner Hand reißen. Mein Vater, der mir sie gegeben hat, ist größer als alles und niemand kann sie aus des Vaters Hand reißen.
(Johannes 10,1. 4. 15. 27-29)

39

Jesus spricht: Ich bin die Auferstehung und das Leben. Wer an mich glaubt, der wird leben, auch wenn er stirbt; und wer da lebt und glaubt an mich, der wird nimmermehr sterben. Glaubst du das?
(Johannes 11,25-26)

40

Jesus spricht: Euer Herz erschrecke nicht! Glaubt an Gott und glaubt an mich! In meines Vaters Hause sind viele Wohnungen. Wenn's nicht so wäre, hätte ich dann zu euch gesagt: Ich gehe hin, euch die Stätte zu bereiten? Und wenn ich hingehe, euch die Stätte zu bereiten, will ich wiederkommen und euch zu mir nehmen, damit ihr seid, wo ich bin. Und wo ich hingehe, den Weg wisst ihr. Ich bin der Weg und die Wahrheit und das Leben; niemand kommt zum Vater denn durch mich.
(Johannes 14,1. 4. 6)

41

Jesus Christus spricht: Ihr habt nun Traurigkeit; aber ich will euch wiedersehen und euer Herz soll sich freuen und eure Freude soll niemand von euch nehmen.
(Johannes 16,22)

42

In der Welt habt ihr Angst, aber seid getrost, ich habe die Welt überwunden.
(Johannes 16,33)

43

Wir wissen aber, dass denen, die Gott lieben, alle Dinge zum Besten dienen, denen, die nach seinem Ratschluss berufen sind.
(Römerbrief 8,28)

44

Der auch seinen eigenen Sohn nicht verschont hat, sondern hat ihn für uns alle dahingegeben – wie sollte er uns mit ihm nicht alles schenken? Wer will die Auserwählten Gottes beschuldigen? Gott ist hier, der gerecht macht. Wer will verdammen? Christus Jesus ist hier, der gestorben ist, ja vielmehr, der auch auferweckt ist, der zur Rechten Gottes ist und uns vertritt. Wer will uns scheiden von der Liebe Christi? Trübsal oder Angst oder Verfolgung oder Hunger oder Blöße oder Gefahr oder Schwert? In dem allen überwinden wir weit durch den, der uns geliebt hat.
(Römerbrief 8,31-35)

45

Denn ich bin gewiss, dass weder Tod noch Leben, weder Engel noch Mächte noch Gewalten, weder Gegenwärtiges noch Zukünftiges, weder Hohes noch Tiefes noch eine andere Kreatur uns scheiden kann von der Liebe Gottes, die in Jesus Christus ist, unserm Herrn.
(Römerbrief 8,38-39)

46

Denn unser keiner lebt sich selber, und keiner stirbt sich selber. Leben wir, so leben wir dem Herrn; sterben wir, so sterben wir dem Herrn. Darum: wir leben oder sterben, so sind wir des Herrn. Denn dazu ist Christus gestorben und wieder lebendig geworden, dass er über Tote und Lebende Herr sei.
(Römerbrief 14,7-9)

47

Der letzte Feind, der vernichtet wird, ist der Tod. – So auch die Auferstehung der Toten. Es wird gesät verweslich und wird auferstehen unverweslich. Es wird gesät in Niedrigkeit und wird auferstehen in Herrlichkeit. Es wird gesät in Armseligkeit und wird auferstehen in Kraft. Es wird gesät ein natürlicher Leib und wird auferstehen ein geistlicher Leib.
(1. Korintherbrief 15,6. 42-44)

48

Der Tod ist verschlungen vom Sieg. Tod, wo ist dein Sieg? Tod, wo ist dein Stachel? Gott aber sei Dank, der uns den Sieg gibt durch unsren Herrn Jesus Christus!
(1. Korintherbrief 15,54-55,57)

49

Gelobt sei Gott, der Vater unseres Herrn Jesus Christus, der Vater der Barmherzigkeit und Gott allen Trostes, der uns tröstet in aller unserer Trübsal, damit wir auch trösten können, die in allerlei Trübsal sind, mit dem Trost, mit dem wir selber getröstet werden von Gott.
(2. Korintherbrief 1,3-4)

50

Gott, dem Herrn aller Herren, der allein Unsterblichkeit hat, der da wohnt in einem Licht, zu dem niemand kommen kann, den kein Mensch gesehen hat noch sehen kann. Dem sei Ehre und ewige Macht!
(1. Timotheusbrief 6,15-16)

51

Christus Jesus hat dem Tode die Macht genommen und das Leben und ein unvergängliches Wesen ans Licht gebracht hat durch das Evangelium.
(2. Timotheusbrief 1,10)

52

Wir wollen euch nicht im Ungewissen lassen über die, die entschlafen sind, damit ihr nicht traurig seid wie die andern, die keine Hoffnung haben. Denn wenn wir glauben, dass Jesus gestorben und auferstanden ist, so wird Gott auch die, die entschlafen sind, durch Jesus mit ihm einherführen.
(1. Thessalonicherbrief 4,13-14)

53

Denn der Glaube ist nicht jedermanns Ding. Aber der Herr ist treu; der wird euch stärken und bewahren vor dem Argen.
(2. Thessalonicherbrief 3,2)

54

Darin ist die Liebe bei uns zur Vollendung gekommen, dass wir Zuversicht haben am Tage des Gerichts; denn wie jener ist, sind in dieser Welt auch wir.
(1. Johannesbrief 4,17)

55

Alles Fleisch ist wie Gras und alle seine Herrlichkeit wie des Grases Blume. Das Gras ist verdorrt und die Blume abgefallen; aber des Herrn Wort bleibt in Ewigkeit. Das ist aber das Wort, welches unter euch verkündigt ist.
(1. Petrusbrief 1,24-25)

56

Der Gott aller Gnade aber, der euch berufen hat zu seiner ewigen Herrlichkeit in Christus Jesus, der wird euch, die ihr eine kleine Zeit leidet, aufrichten, stärken, kräftigen, gründen. Ihm sei die Macht von Ewigkeit zu Ewigkeit!
(1. Petrusbrief 5,10-11)

57

Denn wir haben hier keine bleibende Stadt, sondern die zukünftige suchen wir.
(Hebräerbrief 13,14)

58

Wir sind die Gehenden, du Herr, bist der Kommende. Du rufst uns zu: Ich bin das A und das O, der da ist und der da war und der da kommt, der Allmächtige. Fürchte dich nicht! Ich bin der Erste und der Letzte und der Lebendige. Ich war

tot, und siehe, ich bin lebendig von Ewigkeit zu Ewigkeit und habe die Schlüssel des Todes und der Hölle.
(Offenbarung 1,8. 17-18)

59
Und in jenen Tagen werden die Menschen den Tod suchen und nicht finden, sie werden begehren zu sterben, und der Tod wird von ihnen fliehen.
(Offenbarung 9,6)

60
Ich sah einen neuen Himmel und eine neue Erde; denn der erste Himmel und die erste Erde sind vergangen, und das Meer ist nicht mehr. Und ich sah die heilige Stadt, das neue Jerusalem, von Gott aus dem Himmel herabkommen, bereitet wie eine geschmückte Braut für ihren Mann.
(Offenbarung 21,1-2)

Philosophen von der Antike bis zur Gegenwart

61

Anfang und Ursprung der seienden Dinge ist das grenzenlos Unbestimmte, das Apeiron. Woraus aber das Werden ist den seienden Dingen, in das hinein geschieht auch ihr Vergehen nach der Schuldigkeit; denn sie zahlen einander gerechte Strafe und Buße für ihre Ungerechtigkeit nach der Zeit Anordnung. Das Apeiron ist ohne Alter. Das Apeiron ist ohne Tod und ohne Verderben.
(Anaximandros von Milet)

62

Geburt gibt es von keinem einzigen unter allen sterblichen Dingen auch nicht ein Ende im verwünschten Tode, sondern nur Mischung und Austausch der gemischten Stoffe ist: Geburt wird nur dafür bei den Menschen als Name gebraucht. Diese freilich sagen, wenn sich beim Menschen die Elemente mischen und zum Äther gelangen oder bei der wilden Tiere Geschlecht oder der Pflanzen oder der Vögel, dann entstehe dies; aber wenn sie sich voneinander scheiden, dann nennen sie dies wiederum unseliges Todesgeschick.
(Empedokles aus Agrigent)

63

Des Bogens Namen ist Leben, seine Wirkung Tod.
(Heraklit)

64

Tod ist das, was wir im Wachen sehen; was aber im Schlaf Leben.
Die Menschen erwartet nach dem Tod, was sie nicht hoffen noch glauben.
(Heraklit)

65

Das Leben ist für den Weisen eine fortgesetzte Betrachtung des Todes.
(Platon)

66

Denn eines von den beiden ist das Totsein, entweder soviel als nichts sein noch irgendeine Empfindung von irgendetwas haben, wenn man tot ist; oder, wie auch gesagt wird, es ist eine Versetzung und ein Umzug der Seele von hinnen an einen anderen Ort. Und ist es nun gar keine Empfindung, sondern wie ein Schlaf, in welchem der Schlafende auch nicht einmal einen Traum hat, so wäre der Tod ein wunderbarer Gewinn.
(Platon)

67

Es ist nun Zeit, dass wir gehen, ich um zu sterben, und ihr, um zu leben. Wer aber von uns beiden zu dem besseren Geschäft hingehe, das ist allen verborgen außer nur Gott.
(Platon)

68

Solange wir da sind, ist er [der Tod] nicht da und wenn er da ist, sind wir nicht mehr.
(Epikur)

69

So erschreckt denn nicht den Weisen der Tod, der aus irgendwelchen Zufällen täglich droht und wegen der Kürze des Lebens niemals weit weg ist, und hindert ihn nicht, die gesamte Dauer des Staates und der Seinigen zu bedenken und zu meinen, dass die Nachfahren, von denen er nichts mehr empfinden wird, ihn nicht angehen.
(Cicero)

70

Du hast den Schlaf als Abbild des Todes und erfährst ihn täglich und zweifelst noch, dass es beim Tode keine Empfindung gebe, da du ja siehst, dass es in seinem Abbilde keine gibt?
(Cicero)

71

Du bist zum Sterben geboren: Wenig' Umstände macht eine stille Leiche.
(Seneca)

72

Oft ist Todesfurcht gerade die Ursache des Todes.
(Seneca)

73

Leben aber muss man das ganze Leben hindurch lernen, und worüber du dich vielleicht noch mehr verwundern wirst: Auch sterben muss man das ganze Leben lernen.
(Seneca)

74

Du bist geschäftig, das Leben eilt dahin;
inzwischen wird der Tod erscheinen,
für den du, magst du wollen oder nicht,
Zeit haben musst.
(Seneca)

75

Für viele ward die Kenntnis ihrer Krankheit eine Ursache des Todes.
(Seneca)

76

Denn darin irren wir, dass wir den Tod nur als etwas Zukünftiges erwarten: er ist zum großen Teile schon vorüber; alles, was von unserem Lebensalter hinter uns liegt, hat der Tod in den Händen.
(Seneca)

77

Daher wollen wir beständig sowohl an unsere eigene als an die Sterblichkeit aller derer denken, die wir lieben.
(Seneca)

78

Mag sein Lebensalter unvollendet geblieben sein, sein Leben ist vollendet.
(Seneca)

79

Was ist der Tod? Ein Schreckbild? Betrachte ihn einmal von allen Seiten, sieh, wie er nicht beißt: Das Körperliche muss sich vom Geistigen trennen, genau so, wie es vorher getrennt war, und das geschieht früher oder später. Warum klagst du, wenn es jetzt geschieht? Denn wenn der Tod jetzt nicht eintritt, einmal kommt er doch.
Weshalb? Fragst du. Damit der Kreislauf der Welt vollendet werde. Bei der Aufeinanderfolge der Dinge ist es notwendig, dass das eine jetzt eintritt, das andere erst in der Zukunft, während anderes schon vergangen ist.
(Epiktetos)

80

Der Tod: Das Erlöschen unserer Sinneseindrücke, die Erlösung von der Tyrannei unserer Triebe, von unserer mühseligen Denkarbeit und von der Fron für das Fleisch.
(Marc Aurel)

81

Als ob man schon gestorben wäre und nur bis zu diesem Augenblick gelebt hätte – in dieser Gesinnung muss man den überschüssigen Rest (der einem noch beschieden ist) gemäß der Natur leben.
(Marc Aurel)

82

De mortuis nil nisi bene.
Über die Toten (rede) nur in guter Weise.
(Diogenes Laertios)

83

Es hat wohl niemals eine rechtschaffene Seele gelebt, welche den Gedanken hätte ertragen können, dass mit dem Tode alles zu Ende sei, und deren edle Gesinnung sich nicht zur Hoffnung und Zukunft erhoben hätte.
(Immanuel Kant)

84

Jede Bewegung im Physischen entwickelt und zerstört, bringt Leben und Tod, bringt diesem Geschöpfe Tod, indem sie jenem Leben bringt; soll lieber kein Tod sein und keine Bewegung oder lieber Tod und Bewegung?
(Gotthold Ephraim Lessing)

85

Der Tod ist kein Abschnitt des Daseins, sondern bloß nur ein Zwischenereignis, ein Übergang aus einer Form des endlichen Wesens in eine andere.
(Wilhelm von Humboldt)

86

Es ist unglaublich, wie viel Kraft die Seele dem Körper zu verleihen vermag.
(Wilhelm von Humboldt)

87
Der Wechsel allein ist das Beständige.
(Arthur Schopenhauer)

88
Jede Trennung gibt einen Vorgeschmack des Todes, und jedes Wiedersehn einen Vorgeschmack der Auferstehung.
(Arthur Schopenhauer)

89
Wir schaudern vor dem Tode vielleicht hauptsächlich, weil er dasteht als die Finsternis, aus der wir einst hervorgetreten und in die wir nun zurück sollen. Aber ich glaube, dass wann der Tod unsre Augen schließt, wir in einem Lichte stehn, von welchem unser Sonnenlicht nur der Schatten ist.
(Arthur Schopenhauer)

90
Der Schlaf borgt vom Tode zur Aufrechterhaltung des Lebens, oder: Er ist der einstweilige Zins des Todes, welcher selbst die Kapitalabzahlung ist. Diese wird umso später eingefordert, je reichlichere Zinsen und je regelmäßiger sie gezahlt worden.
(Arthur Schopenhauer)

91
Dass Gott nötig haben nichts ist, dessen man sich schämen müsste, sondern es die Vollkommenheit ist und es am traurigsten ist, wenn etwa ein Mensch durchs Leben ginge, ohne zu entdecken, dass er Gott nötig hat.
(Sören Kierkegaard)

92

Noch eine kleine Zeit,
so ist's gewonnen,
so ist der ganze Streit
ins Nichts entronnen:
Im Rosensaal darf ich
ohne Unterbrechen,
auf ewig, ewiglich
mit Jesus sprechen.
(Grabinschrift Sören Kierkegaards)

93

So ist denn der Tod der kürzeste Inbegriff des Lebens, oder ist das Leben, auf dessen kürzeste Gestalt zurückgeführt.
(Sören Kierkegaard)

94

Mag das Leben sterben; der Tod darf nicht leben.
(Karl Marx)

95

Der Tod scheint als ein harter Sieg der Gattung über das bestimmte Individuum und ihrer Einheit zu widersprechen; aber das bestimmte Individuum ist nur ein bestimmtes Gattungswesen, als solches sterblich.
(Karl Marx)

96

Der Mann selbst stirbt und vergeht; doch seine Ideen und Handlungen leben fort und hinterlassen der Menschheit einen unauslöschlichen Eindruck. Und so bekommt der Geist seines Lebens Dauer und Ewigkeit, beeinflusst Gedanken und den Willen und trägt dadurch dazu bei, den Charakter der Zukunft zu gestalten.
(Samuel Smiles)

97

In den Herzen weiterleben, heißt unsterblich sein.
(Samuel Smiles)

98

Wenn der Tod das größte aller Leiden ist, so wahrscheinlich deshalb, weil er uns durch ein Stadium, durch einen Augenblick völliger Trennung und absoluter Einsamkeit führt. Das Gegenteil des Leidens ist der harmonische Zustand, den das Gefühl der Nähe, der Vertrautheit, der Gemeinschaft begleitet.
(Nikolaj Alexandrowitsch Berdjajew)

99

Der Gedanke an den Tod ist stets ein Trost für den Menschen, wenn die Widersprüche des Lebens unlösbar werden und das Gewölk des Bösen um ihn herum gar zu dicht wird.
(Nikolaj Alexandrowitsch Berdjajew)

100

Der Tod ist erkanntes Ende.
(Oswald Spengler)

101

Der Held verachtet den Tod und der Heilige verachtet das Leben.
(Oswald Spengler)

102

An einen Gott glauben, heißt, die Frage nach dem Sinn des Lebens verstehen.
An einen Gott glauben, heißt sehen, dass es mit den Tatsachen der Welt noch nicht abgetan ist.
An einen Gott glauben, heißt sehen, dass das Leben einen Sinn hat.
(Ludwig Wittgenstein)

103

Das mit dem Tod gemeinte Enden bedeutet kein Zu-Ende-Sein des Daseins, sondern ein Sein zum Ende dieses Seienden. Der Tod ist eine Weise zu sein, die das Dasein übernimmt, sobald es ist.
(Martin Heidegger)

104

Alles in der Welt hat seine Zeit und muss versinken. Nur der Mensch weiß um seinen Tod.
(Karl Jaspers)

105

Die Angst vor dem Tode ist die Angst vor dem, was nach ihm kommt.
(Karl Jaspers)

106

Geliebt wirst du einzig, wo du schwach dich zeigen darfst, ohne Stärke zu provozieren.
(Theodor W. Adorno)

107

Aber der Tod hebt das Leben nicht auf. Das individuelle Ich wandert von Existenz zu Existenz als Gefangener des ewigen Rades, das von kosmischen Durst gepeitscht sich sinnlos dreht.
(Ortega y Gasset)

108

Zu dem Geheimnis gehört der Tod, ja in dieser Richtung müssen wir es zu ergründen suchen, soweit es sich ergründen lässt. Ich verstehe mein Leben als mein Leben zu meinem Tod. Angesichts des Todes meines Nächsten, angesichts der Gräber und der Vermächtnisse der großen Toten bin ich

bemüht zu lernen, mit dem Tod zu leben. Kraft meiner Hoffnung, die ein Wagnis ist, verstehe ich den Tod als „Eingang" in das ewige Leben (eigentlich als Wandlung). Aber damit wird der Tod noch nicht „vertraut", die Todesangst (und Lebensangst) nicht überwunden; doch sie gewinnt den Sinn. Die Endlichkeit und Enge unseres Daseins bleibt, die Ewigkeit ist furchtbar, ungeheuer, und es ist stets die Frage, ob unsere Hoffnung ihr gewachsen ist. Die Ewigkeit ist nicht die Verlängerung der Zeit, sie ist der Einbruch einer anderen Dimension.
(Hans Richtscheid)

109

Ich lebe nur, weil es in meiner Macht steht zu sterben, wann es mir belieben wird: Ohne die Idee des Selbstmordes hätte ich mich schon längst getötet.
(Emile Michel Cioran)

110

Beim Schmerz kann es sogar Trostlosigkeit sein, keinem sagen zu können, was man leidet. Und beim Tod wissen wir nicht, ob es uns nicht mehr bedeuten würde zu wissen, er sei nur schrecklich für die, denen er noch bevorsteht – wenn es einer zuverlässig bezeugen könnte.
(Hans Blumenberg)

111

Würde einer seinen Tod zu Protokoll geben, würden wir es nicht verstehen. Noch weniger als wir verstehen, wenn einer seinen Schmerz begreiflich machen will. Obgleich wir alle Schmerzen gehabt haben, so doch nicht diesen. Und obwohl wir alle Todes sterben werden, so doch immer nur diesen, von dem weder vorher noch nachher zu wissen ist.
(Hans Blumenberg)

Kirchenväter, Kirchenliederdichter, Theologen

112

Am dritten Tage auferstanden von den Toten,
aufgefahren in den Himmel;
er sitzt zur Rechten Gottes,
des allmächtigen Vaters;
von dort wird er kommen,
zu richten die Lebenden und die Toten.
Ich glaube an den Heiligen Geist, eine heilige christliche Kirche, Gemeinschaft der Heiligen, Vergebung der Sünden, Auferstehung der Toten und das ewige Leben.
(Apostolisches Glaubensbekenntnis)

113

Wir erwarten die Auferstehung der Toten und das Leben der kommenden Welt.
(Glaubensbekenntnis von Nizäa-Konstantinopel)

114

Trauere nicht über seinen Verlust, sondern freue dich darüber, dass er einmal dir gehört hat!
(Eusebius Hieronymus)

115

So ist es auch nicht dasselbe, ob jemand lebt, um zu sterben, oder ob jemand stirbt, um zu leben.
(Eusebius Hieronymus)

116

Sehne Dich nach ihm wie nach einem Abwesenden, nicht wie nach einem Toten, sodass man glaubt, Du habest ihn nicht verloren, sondern wartest nur auf seine Rückkehr.
(Eusebius Hieronymus)

117

Groß bist Du, Herr, und hoch zu preisen
und groß ist Deine Macht und Deine Wahrheit unermesslich.
Und preisen will Dich der Mensch,
ein kümmerlicher Abriss Deiner Schöpfung,
ja Mensch, der herumschleppt sein Sterbewesen,
herumschleppt das Zeugnis seiner Sünde und das Zeugnis,
dass den Hochfährigen widersteht.
Und dennoch preisen will Dich der Mensch,
ein kümmerlicher Abriss Deiner Schöpfung.
Du selber reizest an, dass Dich zu preisen Freude ist;
denn geschaffen hast Du uns zu Dir
und ruhelos ist unser Herz, bis dass es seine Ruhe hat in Dir.
(Aurelius Augustinus)

118

Nihil certius morte,
nihil hora mortis incertius.

Nichts ist gewisser als der Tod,
nichts ungewisser als seine Stunde.
(Anselm von Canterbury)

119

Memento mori.

Gedenke, dass du sterben wirst.
(Fürbittengebet in der Messliturgie)

120

Mitten wir im Leben sind
mit dem Tod umfangen.
Wer ist, der uns Hilfe bringt,
dass wir Gnad erlangen?
Das bist du, Herr, alleine.
Uns reuet unsre Missetat,
die dich, Herr, erzürnet hat.

Heiliger Herre Gott,
heiliger starker Gott,
heiliger barmherziger Heiland,
du ewiger Gott:
lass uns nicht versinken
in des bittern Todes Not.
Kyrieeleison.
(EG 518, GL 654)

121

Christ ist erstanden
von der Marter alle;
des solln wir alle froh sein,
Christ will unser Trost sein.
Kyrieleis.
Wär er nicht erstanden,
so wär die Welt vergangen;
seit dass er erstanden ist,
so lobn wir den Vater Jesu Christ.
Kyrieleis.
Halleluja, Halleluja, Halleluja!
Des solln wir alle froh sein,
Christ will unser Trost sein.
Kyrieleis.
(EG 99, GL 213)

122

Herr, gib mir, deiner armen Kreatur, was dich verherrlicht: denn es gehe, wie es will, dein Lob will ich verkünden, solange ein Atemzug meinem Munde ist. Und wenn mir einmal in der Stunde des Todes die Sprache versagt, so soll das Emporheben meines Fingers all jenes Lob, das ich je dir zu Ehren aussprach, bestätigen und beschließen; und wenn mein Leib auch zu Staub wird, soll dennoch von jedem Stäublein ein endloses Lob durch den harten Stein des Grabes, durch alle Himmel zu deinem göttlichen Antlitz empordringen bis an den Jüngsten Tag. Bis sich Leib und Seele wieder einen, um zusammen dich zu loben.
(Heinrich Seuse)

123

Der Tod ist uns so nahe, dass sein Schatten stets auf uns fällt.
(Johann Geiler von Kaisersberg)

124

Wenn so jedermann Abschied auf Erden gegeben ist, dann soll man sich allein zu Gott richten, wohin der Weg des Sterbens sich auch kehrt und uns führt. Und hier beginnt die enge Pforte, der schmale Steig zum Leben. Darauf muss sich ein jeder getrost gefasst machen. Denn er ist wohl sehr eng, er ist aber nicht lang. Und es geht hier zu, wie wenn ein Kind aus der kleinen Wohnung in seiner Mutter Leib mit Gefahr und Ängsten geboren wird in diesen weiten Himmel und Erde, das ist unsere Welt: ebenso geht der Mensch durch die enge Pforte des Todes aus diesem Leben.
Und obwohl der Himmel und die Welt, darin wir jetzt leben, als groß und weit angesehen werden, so ist es doch alles gegen den zukünftigen Himmel so viel enger und kleiner, wie es der Mutter Leib gegen diesen Himmel ist.
(Martin Luther)

125

Ey mitten in dem todt will ich das leben finden. Ich wil hie sterben. Ich weiß, mein herr ist by mir, wie auch der prophet im psalm sagt: ‚Ich lige und schlaffe gantz mit frieden. Denn allein du Herr hilffst mir, das ich sicher wone.' Du hast mich in ein gutte zuversicht gestellt, das ich werdt das leben finden. Deshalben will ich mich in frid hyn wagen. Also kehrt sich dann das liedlein umb, das man singt: „Mitten im Tode sind wir vom Leben umfangen".
(Martin Luther)

126

Das Leben ist keine Reise und kein Spaziergang zum Tode, sondern ein Lauf zum Tode, ja nicht einmal ein Lauf, sondern ein gewaltiges Hinschießen zum Tode.
(Martin Luther)

127

Wir sind alle zum Tode gefordert und wird keiner für den andern sterben.
(Martin Luther)

128

Terror mortis est ipsa mors.
Der Tod ist eigentlich die Angst vor dem Tode.
(Martin Luther)

129

Ich leb und weiss nicht wie lang
Ich sterb und weiss nicht wann
Ich fahr und weiss nicht wohin
Mich wundert's dass ich fröhlich bin.
(Hausspruch in Bayern)

130

Das Ziel unserer Laufbahn ist der Tod: Er ist das unvermeidliche Mal unserer Richtung; wenn wir davor erschrecken, wie ist es möglich, einen Schritt weiter zu tun ohne Fieber?
(Michel Eyquem de Montaigne)

131

Es ist ungewiss, wo uns der Tod erwartet; erwarten wir ihn also allenthalben! Sinnen auf den Tod ist Sinnen auf Freiheit.
(Michel Eyquem de Montaigne)

132

Tod vermag wohl das Ende des Lebens sein, aber nicht der Endzweck. Er ist sein Ziel, seine äußerste Grenze, nicht sein Gegenstand. Das Leben ist sich selbst Ziel und Absicht.
(Michel Eyquem de Montaigne)

133

Lass mich dein sein und bleiben,
du treuer Gott und Herr,
von dir las mich nichts treiben,
halt mich bei deiner Lehr.
Herr, las mich nur nicht wanken,
gib mir Beständigkeit;
dafür will ich dir danken
in alle Ewigkeit.
(Nikolaus Selnecker)

134

Christus, der ist mein Leben,
Sterben ist mein Gewinn;
ihm will ich mich ergeben,
mit Fried fahr ich dahin.

Mit Freud fahr ich von dannen
zu Christ, dem Bruder mein,
auf dass ich zu ihm komme
und ewig bei ihm sei.

Ich hab nun überwunden
Kreuz, Leiden, Angst und Not;
durch seine heilgen Wunden
bin ich versöhnt mit Gott.

Wenn meine Kräfte brechen,
mein Atem geht schwer aus
und kann kein Wort mehr sprechen:
Herr, nimm mein Seufzen auf.

Wenn mein Herz und Gedanken
zergehen wie ein Licht,
das hin und her tut wanken,
wenn ihm die Flamm gebricht:

Alsdann lass sanft und stille,
o Herr, mich schlafen ein
nach deinem Rat und Willen,
wenn kommt mein Stündelein.

In dir, Herr, lass mich leben
und bleiben allezeit,
so wirst du mir einst geben
des Himmels Wonn und Freud.
(Melchior Vulpius)

135

Hilf, dass ich mit diesem Morgen
geistlich auferstehen mag
und für meine Seele sorgen,
dass, wenn nun dein großer Tag
uns erscheint und dein Gericht,
ich davor erschrecke nicht.

Führe mich, o Herr, und leite
meinen Gang nach deinem Wort;
sei und bleibe du auch heute
mein Beschützer und mein Hort.
Nirgends als von dir allein
kann ich recht bewahret sein.

Meinen Leib und meine Seele
samt den Sinnen und Verstand,
großer Gott, ich dir befehle
unter deine starke Hand.
Herr, mein Schild, mein Ehr und Ruhm,
nimm mich auf, dein Eigentum.

Deinen Engel zu mir sende,
der des bösen Feindes Macht,
List und Anschlag von mir wende
und mich halt in guter Acht,
der auch endlich mich zur Ruh
trage nach dem Himmel zu.
(Heinrich Albert)

136

Ade, ich muss nun scheiden,
ich zieh jetzt und von hier;
groß Trübsal und schwer Leiden
find ich jetzund bei mir.
Mein jungs Herz ist Trauerns voll.
Ach, schönes Lieb, gehab dich wohl,
jetzt muss ich dich verlan
und ziehen gar davon.

Du wolltest mein gedenken,
o zartes Liebelein,
und lass es dich nicht kränken
im jungen Herze dein,
dass ich von dir abscheiden muss,
und tröst dich des, o Engel süß!
Ich komme wieder bald
zu dir, mein Aufenthalt.

Ach, nun sei Gott befohlen,
mein Tausendschätzelein,
ich sag es unverhohlen,
mir weint das Herze mein.
Ach, nun ade, ade, ade!
Ach Scheiden, wie tust du so weh,
schöns Lieb, hab alls in acht!
Ade zu guter Nacht!
(Lübeck 1517)

137

Befiehl du deine Wege
und was dein Herze kränkt
der allertreusten Pflege
des, der den Himmel lenkt.
Der Wolken, Luft und Winden
gibt Wege, Lauf und Bahn,
der wird auch Wege finden,
da dein Fuß gehen kann.

Auf, auf, gib deinem Schmerze
und Sorgen gute Nacht,
las fahren, was das Herze
betrübt und traurig macht;
bist du doch nicht Regente,
der alles führen soll,
Gott sitzt im Regimente
und führet alles wohl.

Ihn, ihn las tun und walten,
er ist ein weiser Fürst
und wird sich so verhalten,
dass du dich wundern wirst,
wenn er, wie ihm gebühret,
mit wunderbarem Rat
das Werk hinausgeführet,
das dich bekümmert hat.

Mach End, o Herr, mach Ende
mit aller unsrer Not;
stärk unsre Füß und Hände
und lass bis in den Tod
uns allzeit deiner Pflege
und Treu empfohlen sein,
so gehen unsre Wege
gewiss zum Himmel ein.
(Paul Gerhardt)

138

Ich danke dir von Herzen,
o Jesu, liebster Freund,
für deines Todes Schmerzen,
da du's so gut gemeint.
Ach gib, dass ich mich halte
zu dir und deiner Treu
und, wenn ich nun erkalte,
in dir mein Ende sei.

Wenn ich einmal soll scheiden,
so scheide nicht von mir,
wenn ich den Tod soll leiden,
so tritt du dann herfür;
wenn mir am allerbängsten
wird um das Herze sein,
so reiß mich aus den Ängsten
kraft deiner Angst und Pein.

Erscheine mir zum Schilde,
zum Trost in meinem Tod,
und las mich sehn dein Bilde
in deiner Kreuzesnot.
Da will ich nach dir blicken,
da will ich glaubensvoll
dich fest an mein Herz drücken.
Wer so stirbt, der stirbt wohl.
(Paul Gerhardt)

139

Gott Lob, die Stund ist kommen,
da ich wird aufgenommen
ins schöne Paradeis.
Ihr Eltern dürft nicht klagen,
mit Freuden sollt ihr sagen:
Dem Höchsten sei Lob, Ehr und Preis.

Kurz ist mein irdisch Leben,
ein bessers wird mir geben
Gott in der Ewigkeit,
da werd ich nicht mehr sterben,
in keiner Not verderben,
mein Leben wird sein lauter Freud.

Gott eilet mit den Seinen,
lässt sie nicht lange weinen
in diesem Tränensaal.
Ein schnell und selig Sterben
ist schnell und glücklich Erben
des schönen Himmels Ehrensaal.

Die Welt mag Netze stellen:
Mich wird sie nun nicht fällen,
sie wird mir tun kein Leid.
Denn wer kann den verletzten,
den Christus wird versetzen
ins Schloss vollkommener Sicherheit.

Zwar bracht ich euch die Freude,
jetzt, nun ich von euch scheide,
betrübt sich euer Herz.
Doch wenn ihrs recht betrachtet
und, was Gott tut, hoch achtet,
wird sich bald lindern alter Schmerz.

Gott zählt alle Stunden,
er schlägt und heilet Wunden,
er kennet jedermann,
das er nicht vorgesehen,
und was er tut, ist recht getan.

Wenn ihr mich werdet finden
vor Gott, frei aller Sünden,
in weißer Seide stehn
und tragen Siegespalmen
in Händen und mit Psalmen
des Höchsten Ruhm und Lob erhöhn,

da werdet ihr euch freuen,
es wird euch herzlich reuen,
dass ihr euch so betrübt.
Wohl dem, der Gottes Willen
gedenket zu erfüllen
Und ihn sich in Geduld ergibt.

Ade, nun seid gesegnet!
Was jetzt und euch begegnet,
ist andern auch geschehn;
viel müssens noch erfahren.
Nun, Gott woll euch bewahren!
Dort wollen wir uns wieder sehn.
(Johann Heermann)

140

Earth to earth,
ashes to ashes,
dust to dust,
in sure and certain hope of resurrection unto eternal life.

Erde zu Erde,
Asche zu Asche,
Staub zu Staub,
in der sicheren und gewissen Hoffnung
der Auferstehung zum ewigen Leben.
(Book of Common Prayer)

141

In the midst of life we are in death.
In der Mitte des Lebens sind wir im Tode.
(Book of Common Prayer)

142

Es ist ein Schnitter, heißt der Tod,
hat Gwalt vom großen Gott.
Heut wetzt er das Messer,
es schneid't schon viel besser,
bald wird er drein schneiden,
wir müssen's nur leiden:
Hüt dich, schön Blümelein!
(1683)

143

Wer weiß, wie nahe mir mein Ende!
Hin geht die Zeit, her kommt der Tod;
ach wie geschwinde und behende
kann kommen meine Todesnot.
Mein Gott, mein Gott, ich bitt durch Christi Blut:
Mach's nur mit meinem Ende gut.
(Ämelie Juliane von Schwarzburg-Rudolstadt)

144

Alle Menschen müssen sterben,
alles Fleisch ist gleich wie Heu,
was da lebet, muss verderben,
soll es anders werden neu.
Dieser Leib, der muss verwesen,
wenn er anders soll genesen
zu der großen Herrlichkeit,
die den Frommen ist bereit.
(Johann Rosenmüller)

145

Wer tröstet uns? Das Hoffen!
Wie gut ist's, Christi sein!
Man sieht den Himmel offen
und nicht das Grab allein.
(Philipp Friedrich Hiller)

146

Gott gebe mir die Gelassenheit,
Dinge hinzunehmen,
die ich nicht ändern kann;
den Mut, Dinge zu ändern,
die ich ändern kann;
und die Weisheit,
das eine vom anderen zu unterscheiden.
(Reinhold Niebuhr)

147

Der Tod ist'n eigener Mann.
Er streift den Dingen dieser Welt
ihre Regenbogenhaut ab
und schließt das Auge zu Tränen
und das Herz zur Nüchternheit auf.
(Matthias Claudius)

148

Ausgesä't nur, ausgesä't
wurden alle die, die starben;
Wind und Regenzeit vergeht
und es kommt ein Tag der Garben.
(Matthias Claudius)

149

Der Mensch lebt und besteht
nur kurze Zeit;
und alle Welt vergeht
mit ihrer Herrlichkeit.
Es ist nur einer ewig und an allen Enden,
und mir in seinen Händen.
(Matthias Claudius)

150

Ach, es ist so dunkel in des Todes Kammer,
tönt so traurig, wenn er sich bewegt
und nun aufhebt seinen schweren Hammer
und die Stunde schlägt.
(Matthias Claudius)

151

Die Liebe hemmet nichts,
sie kennt nicht Tor noch Riegel
und dringt durch alles sich;
sie ist ohn' Anbeginn,
schlug ewig ihre Flügel,
und schlägt sie ewiglich.
(Matthias Claudius)

152

Mit den vielen andern, Groß und Kleinen,
klag' ich schmerzlich Deinen Tod;
will bei Deinem Sarg satt mich weinen
und die Augen rot.

Nicht: dass Du Dich nicht, nach Herzensgnüge,
an die holde Mutter schmiegst,
und dass Du, statt freundlich in der Wiege,
tot im Sarge liegst; –

Hier ist Vorplatz nur, spät oder frühe
gehen wir alle weiter ein,
und es lohnt sich wahrlich nicht der Mühe,
lange hier zu sein,

wo im Dunkeln wir uns freun und weinen,
und rund um uns her, rund umher,
alles, alles, mag es noch so scheinen,
eitel ist und leer.

O du Land des Wesens und der Wahrheit,
unvergänglich für und für!
Mich verlangt nach dir und deiner Wahrheit.
Mich verlangt nach dir.
(Matthias Claudius)

153

Wer nicht an Christus glauben will, der muss sehen,
wie er ohne ihn raten kann. Ich und du können das nicht.
Wir brauchen jemand, der uns hebe und halte,
weil wir leben, und uns die Hände unter den Kopf lege,
wenn wir sterben sollen; und das kann er überschwänglich,
nach dem, was von ihm geschrieben steht,
und wir wissen keinen, von dem wir's lieber hätten.
(Matthias Claudius)

154

Harre, meine Seele, harre des Herrn;
alles ihm befehle, hilft er doch so gern!
Sei unverzagt,
bald der Morgen tagt,
und ein neuer Frühling
folgt dem Winter nach.
In allen Stürmen, in aller Not
wird er dich beschirmen,
der treue Gott

Harre meine Seele, harre des Herrn;
alles ihm befehle, hilft er doch so gern!
Wenn alles bricht,
Gott verlässt dich nicht;
größer als der Helfer
ist die Not ja nicht.
Ewige Treue, Retter in Not,
rett auch unsre Seele,
du treuer Gott!
(Johann Friedrich Räder)

155

Wir sind Protestleute gegen den Tod.
(Christoph Blumhardt)

156

Death is nothing at all.
I have only slipped away into the next room.
I am I and you are you.
Whatever we were to each other,
that we still are.

Call me by my old familiar name.
Speak to me in the easy way
which you always used.
Put no difference in your tone.

Wear no forced air of solemnity or sorrow.
Laugh as we always laughed
at the little jokes we enjoyed together.
Play, smile, think of me, pray for me.

Let my name be ever the household word
that it always was.
Let it be spoken without affect,
without the trace of a shadow on it.

Life means all that it ever meant.
It is the same that it ever was.
There is absolutely unbroken continuity.
Why should I be out of mind
because I am out of sight?
I am waiting for you,
for an interval,
somewhere very near,
just around the corner.
All is well.

Tod hat keine Bedeutung.
Ich hab' mich nur ins nächste Zimmer aufgemacht.
Ich bin ich und Du bist Du:
Was immer wir füreinander gewesen sind, das gilt auch weiter.

Bleib, wenn Du mich ansprichst,
bei der altbekannten Anrede.
Sprich zu mir so leichthin,
wie es immer Deine Art war.

Ändere Deine Tonlage nicht:
Bitte, keine gezwungene Feierlichkeit und kein Beileid.
Schmunzle, wie wir immer schmunzelten,
über die kleinen Späße, die wir so gern hatten,
spiele, lächle, denk an mich, bete für mich.

Lass meinen Namen weiter so leicht über Deine Lippen gehen,
wie es immer war:
Dass er ohne Anstrengung gesprochen wird,
ohne Hauch irgendeiner Trübung.

Das Leben bedeutet weiter all das,
was es immer bedeutet hat.
Es ist genauso, wie es immer war:
Da ist eine unendliche ungebrochene Kontinuität.
Was ist dieser Tod anderes als ein Durchgang?
Ich tue nichts anderes als auf Dich zu warten,
für eine Zwischenzeit,
irgendwo dicht bei,
eben mal um die Ecke.
Es ist alles gut.
(Henry Scott Holland)

157

Bleibe bei uns, Herr,
denn es will Abend werden
und der Tag hat sich geneiget.
Bleibe bei uns und bei allen Menschen.
Bleibe bei uns am Abend des Tages,
am Abend des Lebens, am Abend der Welt.
Bleibe bei uns mit deiner Gnade und Güte,
mit deinem Wort und Sakrament,
mit deinem Trost und Segen.
Bleibe bei uns, wenn über uns kommt
die Nacht der Trübsal und Angst,
die Nacht des Zweifels und der Anfechtung,
die Nacht des bitteren Todes.
Bleibe bei uns und bei allen deinen Kindern
in Zeit und Ewigkeit.
(Georg Christian Dieffenbach)

158

A ship sails and I stand watching till she fades on the horizon and someone at my side says she is gone. Gone where? Gone from my sight, that is all. She is just as large now as when I last saw her. Her diminished size and total loss from my sight is in me, not in her. And just at the moment when someone at my side says she is gone there are others who are watching her coming over their horizon and other voices take up a glad shout. There she comes!

That is what dying is.
An horizon and just the limit of our sight. Lift us up, Oh Lord, that we may see further
Ein Segelschiff fährt hinaus und ich stehe und seh' ihm nach, bis es mit dem Horizont verschmilzt. Jemand neben mir sagt: Jetzt ist es weg. Weg wohin? Weg von mir, das stimmt schon. Das Schiff ist für mich dennoch so groß, wie es war, als ich es das letzte Mal sah. Die verminderte Größe und das Aus den Augen verloren Haben – das ist etwas, was bei mir im Gange ist, nicht bei dem Segelschiff. Und unmittelbar zu dem Zeitpunkt, als jemand neben mir sagt es ist weg, gibt es doch andere, die es sehen, wie es über den Horizont kommt, und andere Stimmen sind da mit dem fröhlichen Ausruf Da kommt's!
So ist das mit dem Sterben.
Ein Horizont – und nur unsere Sichtbegrenzung. Unser Gott, mach uns so, dass wir einen erweiterten Ausblick haben können.
(Charles Henry Brent)

159

Der du die Zeit in Händen hast,
Herr, nimm auch dieses Jahres Last
und wandle sie in Segen.
Nun von dir selbst in Jesus Christ
die Mitte fest gewiesen ist,
führ uns dem Ziel entgegen.

Da alles, was der Mensch beginnt,
vor seinen Augen noch zerrinnt,
sei du selbst der Vollender.
Die Jahre, die du uns geschenkt,
wenn deine Güte uns nicht lenkt,
veralten wie Gewänder.

Wer ist hier, der vor dir besteht?
Der Mensch, sein Tag, sein Werk vergeht:
nur du allein wirst bleiben.
Nur Gottes Jahr währt für und für,
drum kehre jeden Tag zu dir,
weil wir im Winde treiben.

Der Mensch ahnt nichts von seiner Frist.
Du aber bleibest, der du bist,
in Jahren ohne Ende.
Wir fahren hin durch deinen Zorn
und doch strömt deiner Gnade Born
in unsre leeren Hände.

Und diese Gaben, Herr, allein
lass Wert und Maß der Tage sein,
die wir in Schuld verbringen.
Nach ihnen sei die Zeit gezählt;
was wir versäumt, was wir verfehlt,
darf nicht mehr vor dich dringen.

Der du allein der Ewge heißt
und Anfang, Ziel und Mitte weißt
im Fluge unsrer Zeiten:
Bleib du uns gnädig zugewandt
und führe uns an deiner Hand,
damit wir sicher schreiten.
(Jochen Klepper)

160

Gott will im Dunkel wohnen
und hat es doch erhellt.
Als wollte er belohnen,
so richtet er die Welt.
Der sich den Erdkreis baute,
der lässt den Sünder nicht.
Wer hier dem Sohn vertraute,
kommt dort aus dem Gericht.
(Jochen Klepper)

161

Welch Dunkel uns auch hält,
sein Licht hat uns getroffen!
Hoch über aller Welt
steht nun der Himmel offen.
Gelobt sei Jesus Christ!
(Jochen Klepper)

162

Wir haben einen Gott zur Seite,
der hilft und uns vom Tod errettet
und der uns mitten in dem Streite
in sicherem Zelt ein Lager bettet.
Gott hat sein Reich schon aufgerichtet,
wenn wir noch tief im Kampfe liegen.
Selbst Tod und Hölle sind vernichtet.
Sein Wort ist Leben Wirken Siegen
(Jochen Klepper)

163

Menschen gehen zu Gott in ihrer Not,
flehen um Hilfe, bitten um Glück und Brot,
um Errettung aus Krankheit, Schuld und Tod.
So tun sie alle, alle, Christen und Heiden.

Menschen gehen zu Gott in Seiner Not,
finden ihn arm, geschmäht, ohne Obdach und Brot,
sehn ihn verschlungen von Sünde, Schwachheit und Tod.
Christen stehen bei Gott in Seinen Leiden.

Gott geht zu allen Menschen in ihrer Not,
sättigt den Leib und die Seele mit Seinem Brot,
stirbt für Christen und Heiden den Kreuzestod,
und vergibt ihnen beiden.
(Dietrich Bonhoeffer)

164

Es gibt nichts, was uns die Abwesenheit eines lieben Menschen ersetzen kann, und man soll das auch gar nicht versuchen; man muss es einfach aushalten und durchhalten; das klingt zunächst sehr hart, aber es ist doch zugleich ein großer Trost; denn indem die Lücke wirklich unausgefüllt bleibt, bleibt man durch sie miteinander verbunden.
Es ist verkehrt wenn man sagt, Gott füllt die Lücke aus; er füllt sie gar nicht aus, sondern er hält sie vielmehr gerade unausgefüllt und hilft uns dadurch, unsere echte Gemeinschaft miteinander – wenn auch unter Schmerzen – zu bewahren.
(Dietrich Bonhoeffer)

165

Je schöner und voller die Erinnerung, desto schwerer die Trennung. Aber die Dankbarkeit verwandelt die Qual der Erinnerung in eine stille Freude. Man trägt das vergangene Schöne nicht wie einen Stachel, sondern wie ein kostbares Geschenk in sich. Man muss sich hüten, in den Erinnerungen zu wühlen, sich ihnen auszuliefern, wie man auch ein kostbares Geschenk nicht immerfort betrachtet, sondern nur zu besonderen Stunden und es sonst nur wie einen verborgenen Schatz, dessen man sich gewiss ist, besitzt; dann geht eine dauernde Freude und Kraft von dem Vergangenen aus.
(Dietrich Bonhoeffer)

166

Herr Jesus Christus,
du warst arm und elend, gefangen und verlassen wie ich.
Du kennst alle Not der Menschen,
du bleibst bei mir, wenn kein Mensch mir beisteht,
du vergisst mich nicht und suchst mich,
du willst, dass ich dich erkenne und mich zu Dir kehre.
Herr, ich höre deinen Ruf und folge.
Hilf mir!
(Dietrich Bonhoeffer)

167

Von guten Mächten treu und still umgeben,
behütet und getröstet wunderbar,
so will ich diese Tage mit euch leben
und mit euch gehen in ein neues Jahr.

Noch will das alte unsre Herzen quälen,
noch drückt uns böser Tage schwere Last.
Ach Herr, gib unsern aufgeschreckten Seelen
das Heil, für das du uns geschaffen hast.

Und reichst du uns den schweren Kelch, den bittern
des Leids, gefüllt bis an den höchsten Rand,
so nehmen wir ihn dankbar ohne Zittern
aus deiner guten und geliebten Hand.

Doch willst du uns noch einmal Freude schenken
an dieser Welt und ihrer Sonne Glanz,
dann wolln wir des Vergangenen gedenken,
und dann gehört dir unser Leben ganz.

Lass warm und hell die Kerzen heute flammen,
die du in unsre Dunkelheit gebracht,
führ, wenn es sein kann, wieder uns zusammen.
Wir wissen es, dein Licht scheint in der Nacht.

Wenn sich die Stille nun tief um uns breitet,
so lass uns hören jenen vollen Klang
der Welt, die unsichtbar sich um uns weitet,
all deiner Kinder hohen Lobgesang.

Von guten Mächten wunderbar geborgen,
erwarten wir getrost, was kommen mag.
Gott ist bei uns am Abend und am Morgen
und ganz gewiss an jedem neuen Tag.
(Dietrich Bonhoeffer)

168

Wir müssen bereit werden, uns von Gott unterbrechen zu lassen.
(Dietrich Bonhoeffer)

169

Es gibt erfülltes Leben trotz vieler unerfüllter Wünsche.
(Dietrich Bonhoeffer)

170

Nicht alle unsere Wünsche, aber alle seine Verheißungen erfüllt Gott.
(Dietrich Bonhoeffer)

171

Mein Herz, mein Leben ist vollendet, und ich kann von mir sagen: er starb alt und lebenssatt. Das ändert nichts daran, dass ich gerne noch etwas leben möchte, dass ich dich gerne noch ein Stück auf dieser Erde begleitete. Aber dann bedürfte es eines neuen Auftrages Gottes.
(Helmut James Graf von Moltke)

172

In den Tiefen, die kein Trost erreicht.
lass doch deine Treue mich erreichen.
In den Nächten, da der Glaube weicht,
lass nicht deine Gnade von mir weichen.
Auf dem Weg, den keiner mit mir geht,
wenn zum Beten die Gedanken schwinden,
wenn die Finsternis mich kalt umweht,
wollest du in meiner Not mich finden.
Wenn die Seele wie ein irres Licht
flackert zwischen Werden und Vergehen,
wenn des Geistes Kraft zu Nichts zerbricht,
wollest du an meinem Lager stehen.
Wenn ich deine Hand nicht fassen kann,
nimm die meine doch in deine Hände,
Nimm dich meiner Seele gnädig an!
Führe mich zu einem guten Ende.

Getrost, das Leben schreitet
zum ewgen Leben hin,
von unsrer Glut geweitet
verklärt sich unser Sinn.

Die Lieb ist frei gegeben
und keine Trennung mehr.
Es wogt das volle Leben
wie ein unendlich Meer –
nur eine Nacht der Wonne,
ein ewiges Gedicht –
und unser aller Sonne
ist Gottes Angesicht.
(Justus Delbrück)

173

Wenn ich gestorben bin und verloren
wird man mich senken in deine Erde.
Wenn ich verlassen bin und vergessen
wirst du mich nennen bei meinem Namen.
Wenn ich verloren bin und verlassen
wirst du mich halten in deinen Händen.
Wenn ich vergessen bin und vergangen
wirst du mich bergen in deiner Treue.
(Am Grabe)

174

Wenn dann zuletzt ich falle,
wie man im Sterben fällt,
und deinen Namen lalle,
sei du mir, der mich hält.

Gib, dass ich mich dann lasse
nur fallen frei und blind,
und noch im Sturze fasse
mich, Vater, als dein Kind.
(Heinrich Vogel)

175

Gottes Geduld ist das Leiden und Sterben Jesu Christi.
(Roland de Pury)

176

Glaube antwortet, zu den letzten Dingen gehöre vor allem der Tod; sieht ihn in seinem ganzen Ernst und fordert, er solle angenommen und bestanden werden. Zugleich sagt er aber, der Tod sei nur die eine Seite eines größeren Geschehnisses – dessen andere Seite sei die Auferstehung.
(Romano Guardini)

177

So ist der Tod das letzte Wagnis an Christi Hand in die große Verheißung hinüber. In all der Bedrängnis und Zerstörung, in all der Hilflosigkeit und Qual, die Sterben bedeuten kann, ist das Sterben Christi enthalten – das aber ist die uns zugewendete Seite jenes Ganzen, dessen andere Seite Auferstehung heißt.
(Romano Guardini)

178

Wir stehn im Dunkel ohne Sicht.
Der Himmel ist verhangen.
Ach, leucht uns, Herr, du ewiges Licht,
da irdisch Licht vergangen!
Du wahres Licht, verlass uns nicht!
Lass leuchten, Herr, dein Angesicht!

Das Licht verging in Nacht und Not,
im Tod verging das Leben.
Du aber bist und bleibst doch Gott
und willst nur Leben geben.
Du wahres Licht, verlass uns nicht!
Lass leuchten, Herr, dein Angesicht.

Und treibst du uns gleich tief hinab,
und wollst du uns verderben,
du führst uns doch durch Tod und Grab
ins Leben aus dem Sterben.
Du wahres Licht, verlass uns nicht!
Lass leuchten, Herr, dein Angesicht!

Lass uns getrost im Glauben gehn!
Dein Weg ist nie zu Ende.
Wir sterben und wir auferstehn,
Herr, nur in deine Hände.
Du wahres Licht, verlass uns nicht!
Lass leuchten, Herr, dein Angesicht!
(Arno Pötzsch)

179
Du kannst nicht tiefer fallen
als nur in Gottes Hand,
die er zum Heil uns allen
barmherzig ausgespannt.

Es münden alle Pfade
durch Schicksal, Schuld und Tod
doch ein in Gottes Gnade
trotz aller unsrer Not.

Wir sind von Gott umgeben
auch hier in Raum und Zeit
und werden sein und leben
in Gott in Ewigkeit.
(Arno Pötzsch)

180

Die eigentliche Todesangst ist immer die Angst vor dem Vergessenwerden, in alle Ewigkeit Vergessensein.
(Paul Tillich)

181

Eines Nachts hatte ich einen Traum: Ich ging am Meer entlang mit meinem Herrn. Vor dem dunklen Nachthimmel erstrahlten, Streiflichtern gleich, Bilder aus meinem Leben. Und jedes Mal sah ich zwei Fußspuren im Sand, meine eigene und die meines Herrn.
Als das letzte Bild an meinen Augen vorübergezogen war, blickte ich zurück. Ich erschrak, als ich entdeckte, dass an vielen Stellen meines Lebensweges nur eine Spur zu sehen war. Und das waren gerade die schwersten Zeiten meines Lebens.
Besorgt fragte ich den Herrn: „Herr, als ich anfing, dir nachzufolgen, da hast du mir versprochen, auf allen Wegen bei mir zu sein. Aber jetzt entdecke ich, dass in den schwersten Zeiten meines Lebens nur eine Spur im Sand zu sehen ist. Warum hast du mich allein gelassen, als ich dich am meisten brauchte?"

Da antwortete er: „Mein liebes Kind, ich liebe dich und werde dich nie allein lassen, erst recht nicht in Nöten und Schwierigkeiten. Dort wo du nur eine Spur gesehen hast, da habe ich dich getragen."
(Margaret Fishback Powers)

182

Gottes Hände halten die weite Welt,
Gottes Hände tragen das Sternenzelt,
Gottes Hände führen das kleinste Kind,
Gottes Hände über dem Schicksal sind.

Gottes Hände sind meine Zuversicht:
Durch alles Dunkel führen sie doch zum Licht!
Im Frieden geborgen, vom Sturm umtost.
In deinen Händen, Herr, bin ich getrost.
(Worte aus einem alten Volkskalender)

183

Das Leben, dieses irdische Leben ist nicht mehr durch den Tod definiert, widerlegt, sondern: Das Leben, zu dem Gott sich bekannt hat, definiert hinfort den Tod, ja es widerlegt ihn, besser, es kann ihn widerlegen!
(Ernst Lange)

184

Ein Mensch sein auf Erden
heißt: ein für allemal geboren,
die Wehn ein Lebtag nicht verloren.
Ein Mensch sein auf Erden
heißt leben von der Luft.

Die Bäume haben Wurzeln,
die Bäume dürfen kräftig stehn,
doch Menschen müssen weitergehn.
Die Bäume haben Wurzeln,
doch Menschen gehen vorbei.

Die Füchse haben Höhlen,
der Mensch entbehrt des sichern Stegs,
ist immer heimwärts unterwegs.
Die Füchse haben Höhlen –
Doch wer ist unser Weg?

Die Menschen haben Sorgen,
der Leib ist schwer, das Brot ist knapp,
der eine nützt den andern ab.
Wer weiß etwas von morgen?
Bestimmt kommt nur der Tod.

Ein Mensch zu sein auf Erden
heißt suchen, nie gesättigt sein,
der Gnade schmerzlich teilhaftig sein,
heißt ruhen in der Erde,
wenn alles ist vollbracht.

Wie werden wir vollbringen,
was durch die Zeiten dauern muss,
ein Mensch zu sein, der sterben muss?
Wir brennen voll Verlangen,
bis es vollendet ist.
(Huub Oosterhuis)

185

Die Religionen gehen nämlich alle von einer Grundeinsicht aus, dass das Leben nur durch das Sterben wachbleibt. Diese Einsicht steht in der Mitte aller Gottesoffenbarung. Diese Einsicht steht in der Mitte alles Kultes. Diese Einsicht zu bewähren, heißt Religion üben. Das Leben bleibt durch das Sterben wach.
(Carl Heinz Ratschow)

186

Ich steh vor dir mit leeren Händen, Herr;
fremd wie dein Name sind mir deine Wege.
Seit Menschen leben, rufen sie nach Gott;
mein Los ist Tod, hast du nicht andern Segen?
Bist du der Gott, der Zukunft mir verheißt?
Ich möchte glauben, komm mir doch entgegen.

Von Zweifeln ist mein Leben übermannt,
mein Unvermögen hält mich ganz gefangen.
Hast du mit Namen mich in deine Hand,
in dein Erbarmen fest mich eingeschrieben?
Nimmst du mich auf in dein gelobtes Land?
Werd ich dich noch mit neuen Augen sehen?

Sprich du das Wort, das tröstet und befreit
und das mich führt in deinen großen Frieden.
Schließ auf das Land, das keine Grenzen kennt,
und lass mich unter deinen Kindern leben.
Sei du mein täglich Brot, so wahr du lebst.
Du bist mein Atem, wenn ich zu dir bete.
(Lothar Zenetti)

187

Menschen,
die aus der Hoffnung leben,
sehen weiter.

Menschen,
die aus der Liebe leben,
sehen tiefer.

Menschen,
die aus dem Glauben leben,
sehen alles in einem anderen Licht.
(Lothar Zenetti)

188

Sieben Flammen leuchten hell
Licht auf sieben Armen
Also feiert Israel
Gott und sein Erbarmen.

Sieben Farben hat das Licht
will die Nacht vertreiben
sieh es an und fürcht dich nicht
soll nicht finster bleiben.

Sieben Feuer ruft der Geist
Über uns zusammen
Kommt der Tag den er verheißt
Stehen wir in Flammen.
(Lothar Zenetti)

189

Einer ist unser Leben,
Licht auf unseren Wegen,
Hoffnung, die aus dem Tod erstand,
die uns befreit.
Viele zweifeln und glauben nicht mehr, viele von uns,
einer ging wie ein Licht vor uns her in den Tod und das Leben.
(Lothar Zenetti)

190

Wir sind mitten im Leben
zum Sterben bestimmt
was da steht, das wird fallen
der Herr gibt und nimmt.

Wir gehören für immer
dem Herrn, der uns liebt
was auch soll uns geschehen
er nimmt, und er gibt.

Wir sind mitten im Sterben
zum Leben bestimmt
was da fällt, soll erstehen
Er gibt, wenn er nimmt
(Lothar Zenetti)

191

Wenn unsere Tage verdunkelt sind und unsere Nächte finsterer als tausend Mitternächte, so wollen wir stets daran denken, dass es in der Welt eine große, segnende Kraft gibt, die Gott heißt. Gott kann Wege aus der Ausweglosigkeit weisen. Er kann das dunkle Gestern in ein helles Morgen verwandeln. Darauf gründet sich unsere Hoffnung, bessere Menschen zu werden. Darin liegt unser Auftrag zu versuchen, eine bessere Welt zu schaffen.
(Martin Luther King)

192

Eine Stimme, die uns vertraut war, schweigt;
ein Mensch, der immer da war, ist nicht mehr.
Er braucht uns nicht mehr. Wir halten inne.
Vergangenes zieht in Gedanken vorbei:
Gemeinsame Stunden,
die gelungen sind oder leer blieben.
Stunden, in denen wir miteinander lachten,
und Stunden, in denen es schwer war.
Wir kamen uns nahe, wir blieben uns fremd.
Wir merken jetzt, was uns fehlt,
und fragen uns, was denn bleibt.
Wir werden der Trauer recht geben;
Aber sie muss nicht das letzte Wort behalten.
(Friedrich Karl Barth)

193

Man kann lebend gegen den Tod nicht genug tun, weil man sterbend gegen den Tod gar nichts machen kann.
(Eberhard Jüngel)

194

1. Nichts ist gleichgültig. Ich bin nicht gleichgültig.
2. Alles, was wir tun, hat unendliche Perspektiven, Folgen bis in die Ewigkeit; es hört nichts auf.
3. Es bleibt nichts vergessen. Es kommt alles noch einmal zur Sprache.
4. Wir kommen aus Licht und gehen in Licht.
5. Wir sind geliebter, als wir wissen.
6. Wir werden an unvernünftig hohen Maßstäben gemessen.
7. Wir sind auf einem Lauf nach vorne mitgenommen, der uns den Atem verschlägt; Sünde – nicht mitgenommen; Bitte um Vergebung – deswegen nicht abgehängt werden.
8. Mit dem Tod ist nicht alles aus.
9. Die Philosophen sprechen von der Suche nach Gott; aber das ist, wie wenn man von einer Suche der Maus nach der Katze spräche. Wir sind auf der Flucht – und es wird uns auf die Dauer nicht gelingen. Es wird uns zu unserem Glück nicht gelingen.
10. Wir sind nicht allein.
11. Wir sind nie allein.
12. Dieses Leben ist ungeheuer wichtig.
13. Die Welt ist herrlich – die Welt ist schrecklich.
14. Es kann mir nichts geschehen – ich bin in größter Gefahr.
15. Es lohnt sich zu leben.

(Helmut Gollwitzer)

195

Nicht da, wo der Himmel ist, ist Gott, sondern da, wo Gott ist, ist der Himmel.
(Gerhard Ebeling)

196

Die Liebe eines Menschen
kannst du nicht begraben,
sie mit Erde zuschaufeln,
wie Urnenasche in den Wind zerstreuen.

Die Liebe eines Menschen
vervielfältigt sich mit seinem Tod
unter den Lebenden tausendfach,
die Liebe kannst du nicht begraben.

Du siehst es bei Jesus aus Nazareth:
Die Liebe eines Menschen
weckt die Schlafenden,
tröstet die Traurigen,
ermutigt die Hoffnungslosen.

Die Liebe dieses Jesus
lehrt die Stummen eine neue Sprache,
ist für die Blinden neues Licht,
bringt den Lahmen das Gehen bei.

Viele von uns
haben es am eigenen Leib erfahren
und bewahren es im Herzen.
(Hanns-Dieter Hüsch/Uwe Seidel)

197

Manchmal zerreißt eine Sehne
mitten im Sprung
die Kraft die uns getragen hat
lässt uns fallen und wir wissen nicht warum

Manchmal versagt die Stimme
mitten im Lied
noch schwingt die Ahnung von einem Ton
in unseren Herzen
zitternd weil sich die Vollendung verweigert
und wir wissen nicht warum

Manchmal machen wir das Bett
wie jeden Tag
ehe ein Windstoss
durch das Zimmer fegt
die Wärme der letzten Nacht
ist weniger als eine Erinnerung
und wir wissen nicht warum

Manchmal gehen die Lichter aus
mitten im Fest
noch ist der Wein in den Krügen nicht geleert
aus der Umarmung der Liebe
taumeln wir ins Dunkel
und wir wissen nicht warum

Manchmal ist es als ob
die große Hand einhält in der Bewegung
wir sitzen erstarrt in der Mitte der Zeit
Kein Wort des Trostes trägt in der Einsamkeit
und wir wissen nicht warum

Wir wissen nicht was sich verwandelt
aus einer Kraft in die andere
klingt jenseits des Liedes ein anderes Lied
singen die Sphären das abgebrochene weiter
ohne Bruch

Werden wir noch einmal das Brot brechen
und den Wein der Liebe trinken
vertraut im milden Licht des Abends

Werden wir uns die Tränen von den Wangen küssen
und das Fest feiern
gekleidet in das lichte Kleid
deiner neuen Welt

Wir wissen es nicht
Wir wissen es nicht

Du weißt es
(Reinhild Traitler)

198

Johannes 20 vers 13

Manche von uns sind so verzweifelt
daß sie nichts sagen können
daß sie nicht klagen können
sie bleiben stumm
ihr leben lang
gott bitte hör ihre klage
wenn sie vor dem geleerten glas sitzen
sieh ihren schrei in den fahrigen gesten
gott hör du was sie nicht sagen

Manche von uns sind so verzweifelt
daß sie nicht weinen können
sie habens verlernt
sie bleiben trockenen auges
ihr leben lang
gott bitte sieh ihre traurigkeit
vergib ihnen ihre versteinerung
und sammle die ungeweinten tränen

Manche von uns sind so verzweifelt
daß sie noch nie einen engel gesehen haben
sie leben ohne daß jemand sie fragt
frau warum weinst du
sie glauben dir eine geschichte nur halb
und bleiben allein beim weinen
gott bitte schick einen engel
zu fragen warum weinst du
schicke eine von uns zu fragen warum
damit wir alle nicht allein bleiben
vor den gräbern
wo unsere hoffnungen verscharrt liegen
und lehr uns klagen
und lehr uns weinen
und zeig uns die engel
die schon am grab auf uns warten
(Dorothee Sölle)

Deutsche Dichter und Schriftsteller

199

Man lobt nach tode mengen man,
der in der welt nie lop gewan.
(Freidank)

200

Mein sind die Jahre nicht
die mir die Zeit genommen

Mein sind die Jahre nicht
die etwa möchten kommen

Der Augenblick ist mein
und nehm' ich den in acht

So ist der mein
der Jahr und Ewigkeit gemacht.
(Andreas Gryphius)

201

Wer jung stirbt, der stirbt wol. Wen Gott zu lieben pflegt,
der wird in seiner Blüt' in frischen Sand gelegt.
Der Tod hält gleiches Recht. Wer hundertjährig stirbet,
verweset ja so bald, als der, so jung verdirbet
und besser stirbt als er. Ist der schon nicht so alt,
so hat er ja auch nicht so viel und mannigfalt
verletzet seinen Gott. Diß ists, das uns das Ende
zu machen sauer pflegt, daß man nicht reine Hände
und ein Gewissen hat, daß ihm nichts ist bewust
als treue Redligkeit. Ein Junger stirbt mit Lust,
weiß nicht, was Seelenangst und Herzensstöße heißen,
die ärger als der Krebs nach frischer Seelen beißen
und töten, eh' der Tod uns noch die Sense beut
und auf das kranke Fleisch aus vollen Kräften häut.
Im Sterben findet sichs: Wie Einer hat gelebet,

so krankt, so stirbt er auch. Ein furchtsam Herze bebet
und steht in steter Angst. Wer Gott zum Freunde weiß,
dem macht kein Schrecken kalt, kein Trübsalsfeuer heiß.
So stirbt ein junger Mensch. Was ists noch zu erzählen,
mit was wir Alten sonst uns pflegen stets zu quälen,
das uns bei Tage blaß, bei Nachte bange macht?
Ein Ieder weiß für sich, wie, wo, was er verbracht,
das jener große Tag soll an die Sonne bringen,
dafür sich mancher scheut. Vor so dergleichen Dingen
sind Kinder noch befreit. Drum, blasse Mutter, denkt,
ob euch der harte Fall auch denn so billich kränkt,
als wie ihr wol vermeint! Wem fromme Kinder sterben,
der weiß, was er der Welt und Himmel läßt zu erben:
Der Erden zwar den Leib, als der sie Mutter heißt,
und als sein Vaterrecht dem Himmel seinen Geist.
(Paul Fleming)

202

Neun Monden wird der Mensch zum Leben zubereitet,
darf einen Augenblick, der ihn zum Tode leitet.
(Friedrich von Logau)

203

In dem Leben wohnet Sterben;
in dem Sterben wohnet Leben!
Lasse dir das Sterben lieben du,
dem Leben nur ist eben!
(Friedrich von Logau)

204

Meine Lebenszeit verstreicht,
stündlich eil ich zu dem Grabe,
und was ist's, das ich vielleicht,
das ich noch zu leben habe?
Denk, o Mensch! An deinen Tod.
Säume nicht; denn Eins ist not.

Lebe, wie du, wenn du stirbst,
wünschen wirst, gelebt zu haben.
Güter, die du hier erwirbst,
würden, die dir Menschen gaben;
nichts wird dich im Tod erfreuen;
diese Güter sind nicht dein.

Nur ein Herz, das Gutes liebt,
nur ein ruhiges Gewissen,
das vor Gott dir Zeugnis gibt,
wird dir deinen Tod versüßen;
dieses Herz, von Gott erneut,
ist des Todes Freudigkeit.

Wenn in deiner letzten Not
Freunde hilflos um dich beben:
Dann wird über Welt und Tod
dich dies reine Herz erheben;
dann erschrickt dich kein Gericht;
Gott ist deine Zuversicht.

Dass du dieses Herz erwirbst,
fürchte Gott, und bet und wache.
Sorge nicht, wie früh du stirbst;
deine Zeit ist Gottes Sache.
Lern nicht nur den Tod nicht scheun,
lern auch seiner dich erfreuen.

Überwind ihn durch Vertraun,
sprich: Ich weis, an wen ich gläube,
und ich weis, ich wird ihn schaun
einst in diesem meinem Leibe.
Er, der rief: Es ist vollbracht!
Nahm dem Tode seine Macht.

Tritt im Geist zum Grab oft hin,
siehe dein Gebein versenken;
sprich: Herr, dass ich Erde bin,
lehrte du mich selbst bedenken;
lehre du mich jeden Tag,
dass ich weiser werde.
(Christian Fürchtegott Gellert)

205

Wie sicher lebt der Mensch, der Staub!
Sein Leben ist ein fallend Laub;
und dennoch schmeichelt er sich gern,
der Tag des Todes sei noch fern.

Der Jüngling hofft des Greises Ziel,
der Mann noch seiner Jahre viel,
der Greis zu vielen noch ein Jahr,
und keiner nimmt den Irrtum wahr.

Sprich nicht: Ich denk in Glück und Not
im Herzen oft an meinen Tod.
Der, den der Tod nicht weiser macht,
hat nie mit Ernst an ihn gedacht.

Wir leben hier zur Ewigkeit,
zu tun, was uns der Herr gebeut,
und unsers Lebens kleinster Teil
ist eine Frist zu unserm Heil.

Der Tod rückt Seelen vor Gericht;
da bringt Gott alles an das Licht,
und macht, was hier verborgen war,
den rat der Herzen offenbar..

Drum da dein Tod dir täglich dräut,
so sei doch wacker und bereit;
prüf deinen Glauben, als ein Christ,
ob er durch Liebe tätig ist.

Ein Seufzer in der letzten Not,
ein Wunsch, durch des Erlösers Tod
vor Gottes Thron gerecht zu sein,
dies macht dich nicht von Sünden rein.

Ein Herz, das Gottes Stimme hört,
ihr folgt, und sich vom Bösen kehrt;
ein gläubig Herz, von Lieb erfüllt,
dies ist es, was in Christo gilt.

Die Heiligung erfordert Müh;
du wirkst sie nicht, Gott wirket sie.
du aber ringe stets nach ihr,
als wäre sie ein Werk von dir.

Der Ruf des Lebens, das du lebst,
dein höchstes Ziel, nach dem du strebst,
und deiner Tage Rechenschaft
ist Tugend in des Glaubens Kraft.

Ihr alle seine Tage weihn,
heißt eingedenk des Todes sein;
und wachsen in der Heiligung,
ist wahre Todeserinnerung.
(Christian Fürchtegott Gellert)

206

Nun weiß ich, wann der letzte Morgen sein wird –
wenn das Licht nicht mehr die Nacht und die Liebe scheucht –
wenn der Schlummer ewig und nur
ein unerschöpflicher Traum sein wird.
(Novalis)

207

Nah ist
und schwer zu fassen der Gott.
Wo aber Gefahr ist, wächst
das Rettende auch.
(Friedrich Hölderlin)

208

Dreifach ist der Schritt der Zeit,
zögernd kommt die Zukunft hergezogen,
pfeilschnell ist das Jetzt entflogen,
ewig still steht die Vergangenheit.
(Friedrich Schiller)

209

Das Leben ist nur ein Moment, der Tod ist auch nur einer!
(Friedrich Schiller)

210

Ungleich verteilt sind des Lebens Güter
unter der Menschen flüchtigem Geschlecht,
aber die Natur, sie ist ewig gerecht.
(Friedrich Schiller)

211

Durch die Straßen der Städte,
vom Jammer gefolget,
schreitet das Unglück –
lauernd umschleicht es
die Häuser der Menschen,
heute an dieser
Pforte pocht es,
morgen an jener,
aber noch keinen hat es verschont.
Die unerwünschte
schmerzliche Botschaft
früher oder später
bestellt es an jeder
Schwelle, wo ein lebendiger wohnt.

Wenn die Blätter fallen
in des Jahres Kreise,
wenn zum Grabe wallen
entnervte Greise,
da gehorcht die Natur
ruhig nur
ihrem alten Gesetze,
ihrem ewigen Brauch,
da ist nichts, was den Menschen entsetze!

Aber das Ungeheure auch
lerne erwarten im irdischen Leben!
Mit gewaltsamer Hand
löset der Mord auch das heiligste Band,
in sein stygisches Boot
raffet der Tod
auch der Jugend blühendes Leben.
(Friedrich Schiller)

212

Nur der Irrtum ist das Leben,
und das Wissen ist der Tod.
(Friedrich Schiller)

213

Rasch tritt der Tod den Menschen an,
es ist ihm keine Frist gegeben;
es stürzt ihn mitten in der Bahn,
es reißt ihn fort vom vollen Leben.
Bereitet oder nicht, zu gehen,
er muss vor seinem Richter stehen!
(Friedrich Schiller)

214

Der lange Schlaf des Todes schließt unsere Narben zu,
und der kurze des Lebens unsere Wunden.
(Jean Paul)

215

Sobald wir anfangen zu leben,
drückt oben das Schicksal den Pfeil des Todes aus der Ewigkeit ab –
er fliegt so lange, als wir atmen,
und wenn er ankommt, so hören wir auf.
„O stürben wir doch auch so alt und lebenssatt wie unser Jubel-Greis!"
sagen dann diejenigen, deren Pfeile noch fliegen.
(Jean Paul)

216

Die Erinnerung ist das einzige Paradies,
aus welchem wir nicht vertrieben werden können.
Sogar die ersten Eltern waren nicht daraus zu bringen.
(Jean Paul)

217

Freudvoll
und leidvoll,
langen und bangen
in schwebender Pein,
himmelhoch jauchzend,
zu Tode betrübt,
glücklich allein
ist die Seele, die liebt.
(Johann Wolfgang von Goethe)

218

Nach ewigen, ehernen,
großen Gesetzen
müssen wir alle
unseres Daseins
Kreise vollenden.

Nur allein der Mensch
vermag das Unmögliche:
Er unterscheidet,
wählet und richtet, er kann dem Augenblick
Dauer verleihen.
(Johann Wolfgang von Goethe)

219

Und so lange du das nicht hast,
dieses: Stirb und Werde!
Bist du nur ein trüber Gast
auf der dunklen Erde.
(Johann Wolfgang von Goethe)

220

Wenn einer fünf und siebzig Jahre alt ist, fuhr da darauf mit großer Heiterkeit fort, kann es nicht fehlen, dass er mitunter an den Tod denke. Mich lässt der Gedanke an den Tod in völliger Ruhe, denn ich habe die feste Überzeugung, dass unser Geist ein Wesen ist ganz unzerstörbarer Natur; es ist ein fortwirkendes von Ewigkeit zu Ewigkeit. Es ist der Sonne ähnlich, die bloß unsern irdischen Augen unterzugehen scheint, die aber eigentlich nie untergeht, sondern unaufhörlich fortleuchtet.
(Johann Wolfgang von Goethe)

221

Der Tod ist doch etwas so Seltsames, dass man ihn, unerachtet aller Erfahrung, bei einem uns teuren Gegenstande nicht für möglich hält und er immer als etwas Unglaubliches und Unerwartetes eintritt. Er ist gewissermaßen eine Unmöglichkeit, die plötzlich zur Wirklichkeit wird. Und dieser Übergang aus einer uns bekannten Existenz in eine andere, von der wir auch gar nichts wissen, ist etwas so Gewaltsames, dass es für die Zurückbleibenden nicht ohne die tiefste Erschütterung abgeht.
(Johann Wolfgang von Goethe)

222

Was glänzt, ist für den Augenblick geboren,
das Echte bleibt der Nachwelt unverloren.
(Johann Wolfgang von Goethe)

223

Wir Toten, wir Toten sind größere Heere
als ihr auf der Erde, als ihr auf dem Meere!
(Conrad Ferdinand Meyer)

224

Das Leben ist allen Tieren gemein, aber sterben kann nur der Mensch.
(Ludwig Börne)

225

Die Nachtigal singt nur im Dunkeln. So lernen wir die himmlische Melodie eines edlen Herzens erst kennen, wenn es trauert.
(Ludwig Börne)

226

Trost gibt der Himmel. Von den Menschen erwartet man Beistand
(Ludwig Börne)

227

Die Sorge der Natur für die Gattung ist nur die Summe ihrer Sorgen für die Einzelnen. Die Gattung ist die unendliche Reihe der endlichen Wesen; die Menschheit ist die Unsterblichkeit des sterblichen Menschen. Es ist der Zweck der Natur, dass alle Kräfte, die in jedem Menschen keimen, zur Entwicklung gebracht werden, dass alle Blüten und Früchte tragen und dass der Erzeuger sich aller erfreue und alle genieße. Aber des Menschen Taten überdauern seine Tätigkeit; der Mensch stirbt, ehe alle seine Früchte gereift und ehe er alle seine Erzeugnisse genossen. Dass die Hinterlassenschaft nicht ungebraucht verderbe, erbt der Überlebende den Toten. Er spinnt den Faden fort, der dem Gestorbenen entfallen, und vollendet, was jener begonnen.
(Ludwig Börne)

228

Nichts ist dauernd als der Wechsel, nichts beständig als der Tod.
(Ludwig Börne)

229

Für die, welche an keine Unsterblichkeit glauben, gibt es auch keine.
(Ludwig Börne)

230

Du kamst, du gingst mit leiser Spur,
ein flücht'ger Gast im Erdenland;
Woher? Wohin? Wir wissen nur:
Aus Gottes Hand in Gottes Hand.
(Ludwig Uhland)

231

Es war, als hätt' der Himmel
Die Erde still geküsst,
dass sie im Blütenschimmer
von ihm nur träumen müsst'.

Die Luft ging durch die Felder,
die Ähren wogten sacht,
es rauschten leis die Wälder,
so sternklar war die Nacht.

Und meine Seele spannte
weit ihre Flügel aus,
flog durch die stillen Lande,
als flöge sie nach Haus.
(Joseph von Eichendorff)

232

Es wandelt, was wir schauen,
Tag sinkt in's Abendrot.
Die Lust hat eigenes Grauen,
und alles hat den Tod.

In's Leben schleicht das Leiden
sich heimlich wie ein Dieb,
wir alle müssen scheiden
von allem, was uns lieb.

Was gäb es doch auf Erden,
Wer hielt' den Jammer aus,
wer möcht' geboren werden,
hieltst du nicht droben Haus!

Du bist's, der, was wir bauen,
mild über uns zerbricht,
dass wir den Himmel schauen –
darum so klag ich nicht.
(Joseph von Eichendorff)

233

Trennung ist wohl Tod zu nennen,
denn wer weiß, wohin wir gehen,
Tod ist nur ein kurzes Trennen
auf ein baldig Wiedersehen.
(Joseph von Eichendorff)

234

Über alle Gräber wächst zuletzt das Gras,
alle Wunden heilt die Zeit, ein Trost ist das,
wohl der schlechteste, den man kann erteilen;
armes Herz, du willst nicht, dass die Wunden heilen.
Etwas hast du noch, solang es schmerzlich brennt;
das verschmerzte nur ist tot und abgetrennt.
(Friedrich Rückert)

235

Wem ein Geliebtes stirbt,
dem ist es wie ein Traum,
die ersten Tage kommt er zu sich selber kaum.
Wie er's ertragen soll,
kann er sich selbst nicht fragen;
und wenn er sich besinnt, so hat er's schon ertragen.
(Friedrich Rückert)

236

Du bist ein Schatten am Tage,
und in der Nacht ein Licht;
du lebst in meiner Klage,
und stirbst im Herzen nicht.

Wo ich mein Zelt aufschlage,
da wohnst du bei mir dicht;
du bist mein Schatten am Tage,
und in der Nacht mein Licht.

Wo ich auch nach dir frage,
find' ich von dir Bericht,
du lebst in meiner Klage,
und stirbst im Herzen nicht.

Du bist ein Schatten am Tage,
und in der Nacht ein Licht;
du lebst in meiner Klage
und stirbst im Herzen nicht.
(Friedrich Rückert)

237

Seele, vergiss sie nicht,
Seele, vergiss nicht die Toten!

Sieh, sie umschweben dich,
schauernd, verlassen,
und in den heiligen Gluten,
die den Armen die Liebe schürt,
atmen sie auf und erwarmen,
und genießen zum letzten Mal
ihr verglimmendes Leben.

Seele, vergiss sie nicht,
Seele, vergiss nicht die Toten!

Sieh, sie umschweben dich,
schauernd, verlassen,
und wenn du dich erkaltend
ihnen verschließest, erstarren sie
bis hinein in das Tiefste.
Dann ergreift sie der Sturm der Nacht,
dem sie, zusammengekrampft in sich,
trotzten im Schoße der Liebe,
und er jagt sie mit Ungestüm
durch die unendliche Wüste hin,
wo nicht Leben mehr ist, nur Kampf
losgelassener Kräfte
um erneuertes Sein!

Seele, vergiss sie nicht,
Seele, vergiss nicht die Toten!
(Friedrich Hebbel)

238

Schnell stürmt der Tod dahin.
(Emanuel Geibel)

239

Der Schmerz ist ein heiliger Engel, und durch ihn sind mehr Menschen größer geworden als durch alle Freuden der Welt.
(Adalbert Stifter)

240

Der Schmerz ist ja auch von Gott gesandt, und so sehr sich oft das Menschenherz dagegen sträubt, so ist er besonders um ein teures Verstorbenes nicht selten der liebste Engel, der uns auf dem einsamen Wege, den man nun ohne den Geliebten gehen muss, begleitet, und der unser Herz dem Großen Reinen und Erhabenen zugänglicher macht, als ohne ihn gewesen wäre.
(Adalbert Stifter)

241

Wie wenn das Leben wär nichts andres
als das Verbrennen eines Lichts!
Verloren geht kein einzig Teilchen,
jedoch wir selber gehn ins Nichts!

Denn was wir Leib und Seele nennen,
so fest in eins gestaltet kaum,
es löst sich auf in tausend Teilchen
und wimmelt durch den öden Raum.

Es waltet stets dasselbe Leben,
Natur geht ihren ewgen Lauf;
in tausend neu erschaffnen Wesen,
stehn diese tausend Teilchen auf.

Das Wesen aber ist verloren,
das nur durch ihren Bund bestand,
wenn nicht der Zufall die verstaubten
aufs Neue zu einem Sein verband.
(Theodor Storm)

242

Auf Erden stehet nichts, es muss vorüber fliegen.
Es kommt der Tod daher, du kannst ihn nicht besiegen.
Ein Weilchen weiß vielleicht noch wer, was du gewesen.
Dann wird das weggekehrt, und weiter kehrt der Besen.
(Theodor Storm)

243

Dat is de Dot, de Allens fritt,
Nimmt Kunst un Wetenschop di mit;
De kloke Mann is nu vergahn –
Gott gäw' em selig Uperstahn!
(Theodor Storm)

244

Sucht das Leben wohl den Tod?
Oder sucht der Tod das Leben?
Können Morgenröte und das Abendrot
Sich auf halben Weg die Hände geben?

Die stille Nacht tritt mitten ein,
die sich der Liebenden erbarme!
Sie winkt; es flüstert: „Amen!" – Mein und dein!
Da fallen sie sich zitternd in die Arme.
(Eduard Mörike)

245

Der Anfang, das Ende, o Herr, die sind Dein,
die Spanne dazwischen, das Leben war mein.
Und irr' ich im Dunkeln und fand mich nicht aus,
bei Dir, Herr, ist Klarheit und licht ist Dein Haus!
(Grabspruch Fritz Reuters in Eisenach)

246

Wenn über stiller Heide
des Mondes Sichel schwebt,
mag lösen sich vom Leide
Herz, das im Leiden bebt.

Tritt vor aus deiner Kammer
und trage deinen Schmerz,
trage des Weltlaufs Jammer
der Ewigkeit ans Herz.

Das Ewige ist stille
laut die Vergänglichkeit;
schweigend geht Gottes Wille
Über den Erdenstreit.

In deinen Schmerzen schweige,
tritt in die stille Nacht;
das Haupt in Demut neige,
bald ist der Kampf vollbracht.

Schweige in deinem Schmerze!
Geh vor aus deinem Haus
und trag dein armes Herze
an Gottes Herz hinaus!

Weil nicht im dunklen Walde,
zwischen den Tannen nicht;
über die freie Halde
trag deinen schmerz ins Licht.

Wenn hinter dir versunken,
was Ohr und Auge bannt,
dann hält die Seele trunken
das Firmament umspannt.

Wie aus dem Nebelkleide
der Mond sich glänzend ringt,
so aus dem Erdenleide
aufwärts das Herz sich schwingt.

O Heide, stille Heide,
wie sehnet sich hinaus
zu dir das Herz im Leide
gefangen Herz im Haus!
(Wilhelm Raabe)

247

Wir müssen immer lernen, zuletzt auch noch sterben lernen.
(Maria von Ebner-Eschenbach)

248

Warum geschah mir das? Warum, du Tod,
musst du mich lehren erst das Leben sehen,
nicht wie durch einen Schleier, wach und ganz,
da etwas weckend, so vorübergehen?
Warum bemächtigt sich des Kindersinns
so hohe Ahnung von den Lebensdingen,
dass dann die Dinge, wenn sie wirklich sind,
nur schale Schauer des Erinnerns bringen?
Warum erklingt uns nicht dein Geigenspiel,
aufwühlend die verborgne Geisterwelt,
die unser Busen heimlich hält,
verschüttet, dem Bewusstsein so verschwiegen.
Wie Blumen im Geröll verschüttet liegen?
Könnt ich mit dir sein, wo man dich nur hört,
nicht von verworrner Kleinlichkeit verstört?
Ich kann's! Gewähre, was du mir gedroht:
Da tot mein Leben war, sei du mein Leben, Tod!
Was zwingt mich, der ich beides nicht erkenne,
dass ich dich Tod und jenes Leben nenne?
In eine Stunde kannst du Leben pressen,
mehr als das ganze Leben konnte halten.
Das schattenhafte will ich ganz vergessen
und weh mich deinen Wunden und Gewalten

Kann sein, dies ist nur sterbendes Besinnen,
heraufgespült vom tödlich wachen Blut,
doch hab ich nie mit allen Lebenssinnen
so viel ergriffen, und so nenn ich's gut!

Wenn ich jetzt ausgelöscht hin sterben soll,
mein Hirn von dieser Stunde also voll,
dann schwinde alles blasse Leben hin.
Erst, da ich sterbe, spür ich, dass ich bin.
Wenn einer träumt, so kann ein Übermaß
geträumten Fühlens ihn erwachen machen.
So wach ich jetzt, im Fühlensübermaß,
vom Lebenstraum wohl auf im Todeswachen.
(Hugo von Hofmannsthal)

249

Das Leben trägt ein ehernes Gesetz in sich und jedes Ding hat seinen Preis: Auf der Liebe stehen die Schmerzen der Liebe, auf dem Glück des Erreichens die unendliche Müdigkeit des Weges, auf der erhöhten Einsicht die geschwächte Kraft des Empfindens, auf der glühenden Empfindung die entsetzliche Verödung. Auf dem ganzen Dasein steht als Preis der Tod.
(Hugo von Hofmannsthal)

250

Und so ist es ja die Todesstunde, auf die wir alle hinleben, und in diesem Hinleben auf diese Stunde bewähren wir uns.
(Hugo von Hofmannsthal)

251

Ach, unsre leuchtenden Tage
glänzen wie ewige Sterne.
Als Trost für künftige Klage
glüh'n sie aus goldener Ferne.

Nicht weinen, weil sie vorüber!
Lächeln, weil sie gewesen!
Und werden die Tage auch trüber,
unsere Sterne erlösen!
(Ludwig Jacobowski)

252

Immer enger, leise, leise,
ziehen sich die Lebenskreise,
schwindet hin, was prahlt und prunkt,
schwindet Hoffen, Hassen, Lieben,
und ist nichts in Sicht geblieben
als der letzte dunkle Punkt.
(Theodor Fontane)

253

Der Tod ist groß.
Wir sind die Seinen
lachenden Mundes.
Wenn wir uns mitten im Leben meinen,
wagt er zu weinen
mitten in uns.
(Rainer Maria Rilke)

254

Herr: es ist Zeit. Der Sommer war sehr groß.
Leg deinen Schatten auf die Sonnenuhren,
und auf den Fluren las die Winde los.

Befiehl den letzten Früchten voll zu sein;
gib ihnen noch zwei südlichere Tage,
dränge sie zur Vollendung hin und jage
die letzte Süße in den schweren Wein.

Wer jetzt kein Haus hat, baut sich keines mehr.
Wer jetzt allein ist, wird es lange bleiben,
wird wachen, lesen, lange Briefe schreiben
und wird in den Alleen hin und her
unruhig wandern, wenn die Blätter treiben.
(Rainer Maria Rilke)

255

Die Blätter fallen, fallen wie von weit,
als welkten in den Himmeln ferne Gärten;
sie fallen mit verneinender Gebärde.

Und in den Nächten fällt die schwere Erde
aus allen Sternen in die Einsamkeit.

Wir alle fallen. Diese Hand da fällt.
Und sieh dir andre an: es ist in allen.

Und doch ist Einer, welcher dieses Fallen
unendlich sanft in seinen Händen hält.
(Rainer Maria Rilke)

256

O Herr, gib jedem seinen eigenen Tod.
Das Sterben, das aus jenem Leben geht,
darin es Liebe hatte, Sinn und Not.
(Rainer Maria Rilke)

257

Denn wir sind nur die Schale und das Blatt.
Der große Tod, den jeder in sich hat,
das ist die Frucht, um die sich alles dreht.
Um ihretwillen heben Mädchen an
und kommen wie ein Baum aus einer Laute,
und Knaben sehnen sich um sie zum Mann;
und Frauen sind den Wachsenden Vertraute
für Ängste, die sonst niemand nehmen kann.
Um ihretwillen *bleibt* das Angeschaute
wie Ewiges, auch wenn es lang verrann, –
und jeder, welcher bildete und baute,
ward Welt um diese Frucht, fror und taute
und windete ihr zu und schien sie an.
In sie ist eingegangen alle Wärme
der Herzen und der Hirne weißes Glühn –:
doch deine Engel ziehen wie Vogelschwärme,
und sie erfanden alle Früchte grün.
(Rainer Maria Rilke)

258

Herr: Wir sind ärmer denn die armen Tiere,
die ihres Todes enden, wenn auch blind,
weil wir noch alle ungestorben sind.
Den gib uns, der die Wissenschaft gewinnt,
das Leben aufzubinden in Spaliere,
um welche zeitiger der Mai beginnt.

Denn dieses macht das Sterben fremd und schwer,
dass es nicht *unser* Tod ist; einer der
uns endlich nimmt, nur weil wir keinen reifen.
Drum geht ein Sturm, uns alle abzustreifen.

Wir stehn in deinem garten Jahr und Jahr
und sind die Bäume, süßen Tod zu tragen;
aber wir altern in den Erntetagen,
und so wie Frauen, welche du geschlagen,
sind wir verschlossen, schlecht und unfruchtbar.

Oder ist meine Hoffahrt ungerecht:
Sind Bäume besser? Sind wir nur Geschlecht
und Schoß von Frauen, welche viel gewähren? –
Wir haben mit der Ewigkeit gehurt,
und wenn das Kreißbett da ist, so gebären
wir unsers Todes tote Fehlgeburt;
den krummen, kummervollen Embryo,
der sich (als ob ihn Schreckliches erschreckte)
die Augenkeime mit den Händen deckte
und dem schon auf der ausgebauten Stirne
die Angst von allem steht, was er nicht litt, –
und alle schließen so wie eine Dirne
in Kindbettkrämpfen und am Kaiserschnitt.
(Rainer Maria Rilke)

259

Ich möchte Sie, so gut ich es kann, bitten, lieber Herr, Geduld zu haben gegen alles Ungelöste in Ihrem Herzen und zu versuchen, die Fragen selbst lieb zu haben wie verschlossene Stuben und wie Bücher, die in einer sehr fremden Sprache

geschrieben sind. Forschen Sie jetzt nicht nach den Antworten, die Ihnen nicht gegeben werden können, weil Sie sie nicht leben könnten. Und es handelt sich darum, alles zu leben. Leben Sie jetzt die Fragen. Vielleicht leben Sie dann allmählich, ohne es zu merken, eines fernen Tages in die Antwort hinein.
(Rainer Maria Rilke)

260

Das ist die Sehnsucht: Wohnen im Gewoge
und keine Heimat haben in der Zeit.
Und das sind die Wünsche: Leise Dialoge
der armen Stunden mit der Ewigkeit.

Und das ist das Leben: Bis aus einem Gestern
die einsamste von allen Stunden steigt,
die anders lächelnd als die anderen Schwestern
dem Ewigen entgegen schweigt.
(Rainer Maria Rilke)

261

Sieh, so ist Tod im Leben. Beides läuft
so durcheinander, wie in einem Teppich
die Fäden laufen; und daraus entsteht
für einen, der vorübergeht, ein Bild.

Wenn jemand stirbt, das nicht allein ist Tod.
Tod ist, wenn einer lebt und es nicht weiß.
Tod ist, wenn einer gar nicht sterben kann.
Vieles ist Tod; man kann es nicht begraben,
in uns ist täglich Sterben und Geburt,
und wir sind rücksichtslos wie die Natur,
die über beiden dauert, trauerlos
und ohne Anteil. Leid und Freude sind
nur Farben für den Fremden, der uns schaut.
(Rainer Maria Rilke)

262

Jetzt wird in 559 Betten gestorben. Natürlich fabrikmäßig. Bei so enormer Produktion ist der einzelne Tod nicht so gut ausgeführt, aber darauf kommt es auch nicht an. Die Masse macht es. Wer gibt heute noch etwas für einen gut ausgearbeiteten Tod? Niemand. Sogar die Reichen, die es sich doch leisten könnten, ausführlicher zu sterben, fangen an, nachlässig und gleichgültig zu werden; der Wunsch, einen eigenen Tod zu haben, wird immer seltener. Eine Weile noch, und er wird ebenso selten sein wie ein eigenes Leben. Gott, das ist alles da. Man kommt, man findet ein Leben, fertig, man hat es nur anzuziehen. Man will gehen oder man ist dazu gezwungen: nun, keine Anstrengungen: Voilà votre mort, monsieur. Man stirbt, wie es gerade kommt; man stirbt den Tod, der zu der Krankheit gehört, die man hat (denn seit man alle Krankheiten kennt, weiß man auch, dass die verschiedenen letalen Abschlüsse zu den Krankheiten gehören und nicht zu den Menschen; und der Kranke hat sozusagen nichts zu tun). (Rainer Maria Rilke)

263

I.
Was meine Seele stumm erfüllt,
das möchte ich dir zum Gruße bieten,
drum stell' ich vor dein liebes Bild
der Himmelschlüssel goldne Blüten.
Heut, da dein Sarg gesenkt zur Gruft,
da dir die Totenglocken läuten,
trägt mir der frühlingsweiche Duft
ein tiefes heiliges Bedeuten.

II.
Was sie da eingesenkt bei Glockenklängen
zur tiefen Ruh
im letzten Bett, dem todesdunklen, engen –
das bist nicht du!

Das bist nicht du, der Geist voll Kraft und Feuer,
von Gott erfüllt,
dem gestern erst des Todes schwarzer Schleier
den Blick verhüllt.

Dein Wanderkleid nur ist's, der Seele Hülle
bis diesen Tag –
die Fessel, drin so lang des Wesens Fülle
gefangen lag.

Der Staub zum Staub! Die Hülle muss zerstieben
wie welkend Heu, –
du aber, den wir kennen, den wir lieben,
lebst und bist frei!

III.
Nun, seit ich dich da droben weiß,
der mir auf Erden lieb gewesen,
da ist es mir, als ob sich leis,
die ew'gen Rätsel schon mir lösen.

Und trat mir sonst oft Zweifel nah,
heut weiß ich klar: Es gibt ein Drüben!
Du lebst – es kann dein Wesen ja
Nicht wie ein Hauch im Tod zerstieben!

Und schien, wenn sonst ich aufgeschaut,
die große Heimat mir so ferne, –
heut deicht sie mir schon nah vertraut,
und meine Seele sucht sie gerne.

Mir ist, als stündest droben du
Am Tor, von lauter Licht umglommen,
und riefst von weit, weit her mir zu;
Ich warte deiner. Wirst du kommen?
(Lulu von Strauß und Torney)

264

Der Mensch soll um der Güte und Liebe willen dem Tode keine Herrschaft einräumen über seine Gedanken.
(Thomas Mann)

265

Mit jedem Menschen sterben auch die Toten, die nur in ihm noch gelebt hatten.
(Richard von Schaukal)

266

Viel zu wenig kenn ich die
Bäume, die vor meinem
Fenster stehn und rauschen,
viel zu selten baun sich meine
Träume Nester, um die
Winde zu belauschen,
und des Himmels Silberwolken –
Spiele gehn vorüber, ohne
mich zu trösten –
ganz vergessen habe ich so viele
Wunder, die mir einst das
Herz erlösten
(Ina Seidel)

267

Man besucht ja nur sich selber, wenn man zu den Toten geht.
(Kurt Tucholsky)

268

Wie jede Blüte welkt und jede Jugend
dem Alter weicht, blüht jede Lebensstufe,
blüht jede Weisheit auch und jede Tugend
zu ihrer Zeit und darf nicht ewig dauern.
Es muss das Herz bei jedem Lebensrufe
bereit zum Abschied sein und Neubeginne,

um sich in Tapferkeit und ohne Trauern
in andre, neue Bindungen zu geben.
Und jedem Anfang wohnt ein Zauber inne,
der uns beschützt und der uns hilft, zu leben.

Wir sollen heiter Raum um Raum durchschreiten,
an keinem wie an einer Heimat hängen,
der Weltgeist will nicht fesseln uns und engen,
es will uns Stuf' um Stufe heben, weiten.
Kaum sind wir heimisch einem Lebenskreise
und traulich eingewohnt, so droht Erschlaffen;
nur wer bereit zu Aufbruch ist und Reise,
mag lähmender Gewöhnung sich entraffen.

Es wird vielleicht auch noch die Todesstunde
uns neuen Räumen jung entgegen senden,
des Lebens Ruf an uns wird niemals enden ...
Wohlan denn, Herz, nimm Abschied und gesunde.
(Hermann Hesse)

269

Jetzt bist du schon gegangen, Kind,
und hast vom Leben nichts erfahren,
indes in unsern welken Jahren
wir Alten noch gefangen sind.

Ein Atemzug, ein Augenspiel,
der Erde Luft und Licht zu schmecken,
war dir genug und schon zu viel;
du schliefest ein, nicht mehr zu wecken.

Vielleicht in diesem Hauch und Blick
sind alle Spiele, alle Mienen
des ganzen Lebens dir erschienen,
erschrocken zogest du dich zurück.

Vielleicht, wenn unsre Augen, Kind,
einmal erlöschen, wird uns scheinen,
sie hätten von der Erde, Kind,
nicht mehr gesehen als die deinen.
(Hermann Hesse)

270

Mit jedem Menschen stirbt eine Welt.
(Gerhart Hauptmann)

271

Um wie weniges tiefer liegen die Toten als wir?
(Gerhart Hauptmann)

272

Der Tod ist die mildeste Form des Lebens: der ewigen Liebe.
(Gerhart Hauptmann)

273

Der Mensch ist das einzige Lebewesen auf Erden, welches weiß, dass es sterben muss.
(Max Rychner)

274

Alles Warten ist Warten auf den Tod. Manchmal – wenn das Warten Selbstzweck ist, nacktes Warten, es soll ein Brief kommen oder ein telefonischer Anruf – dann wird das Element der Todeserwartung ganz enthüllt; dann hämmert der eigene Herzschlag am Sarge der Zeit.
(Franz Werfel)

275

Wie könnten wir sterben, wenn wir nicht unsterblich wären?
(Franz Werfel)

276

Viel ist es, schon weil Tod ist,
Mensch zu sein!
Doch aller süßen Worte
süßestes
ist Unsterblichkeit!

Dass erschüttert sind
die rasenden Himmel oben,
und ewig die Sterne all'.
Von einem Kindertag
und den Fahnen im Sand
und den Burgen ...

dass späteste Tränen knospen,
weil einst vor einem
unendlichen Antlitz
ein Herz
zusammenstürzte zum Lied!
(Franz Werfel)

277

Keiner weiß, wie arm er ist,
wird er in dem knappen Schragen
Kopf voran treppab getragen.
Durch den blumendumpfen Flur.
Manche, die mit schwarzem Schreiten
schmerzhaft ihn zum Grab geleiten.
Schauen heimlich auf die Uhr.
Keiner weiß, wie arm er ist.

Keiner weiß wie reich er ist.
Wer von Tag zu Tag geflogen,
hat gesammelt, hat gesogen
ahnungslos der Stunden Seim.
Und nun trägt er traute Lasten.
Wachs und Honig des Erfassten
zu den Bienenstöcken heim.
Keiner weiß, wie reich er ist.
(Franz Werfel)

278

Setzt eure Füße voreinander, so oft ihr wollt –
es bleibt doch jeder Schritt der letzte, den ihr eben tut.
(Ilse Aichinger)

279
Beim Verlassen des Grabes wechselt man den Schritt.
(Hans Arndt)

280
Beim Lesen der Todesanzeigen wird man belehrt, dass nur engelsgleiche Wesen diese Welt verlassen.
(Hans Arndt)

281
Deine Todesangst lass nicht Herr über dich werden; aber lass sie dir auch nicht ganz abhanden kommen! Wo sie fehlt, da fehlt etwas an der Gesundheit deines Wesens.
(Ludwig Strauss)

282
Du fluchst noch der vollkommensten Menschengestalt, weil sie in Asche zerfallen wird? Ich segne noch die Asche in der Urne, weil Gottes Ebenbild aus ihr geschaffen war.
(Ludwig Strauss)

283
Traue den Reden des Todes nicht! Seine dir zugewandte Wahrheit ist das Schweigen.
(Ludwig Strauss)

284
Wenn dir einer sagt, dass er Selbstmord begehen wird, so braucht und erwartet er ganz gewiss deinen Widerstand, und das um so mehr, je ernster er es meint, sei es nun, dass er sich an diesem Widerstand ins Leben zurück retten oder dass er an ihm die Gültigkeit seines Strebens zum Tod erproben und erhärten will.
(Ludwig Strauss)

285

Du fragst das Leben, und die Antwort gibt der Tod.
Du fragst den Tod, und die Antwort gibt das Leben.
(Ludwig Strauss)

286

Dein Haus und dein Garten sollten so beschaffen sein, dass deine Toten jederzeit einkehren könnten.
(Ludwig Strauss)

287

Lege dem Toten die Worte ins Grab,
die er sprach, um zu leben.
Bette sein Haupt zwischen sie,
lass ihn fühlen
die Zungen der Sehnsucht,
die Zangen.

Leg auf die Lider des Toten das Wort,
das er jenem verweigert,
der du zu ihm sagte,
das Wort,
an dem das Blut seines Herzens vorbeisprang,
als eine Hand, so nackt wie die seine,
jenen, der du zu ihm sagte,
in den Bäumen der Zukunft knüpfte.

Leg ihm das Wort auf die Lider:
vielleicht
tritt in sein Aug, das noch blau ist,
eine zweite, fremdere Bläue,
und jener, der du zu ihm sagte,
träumt mit ihm: Wir.
(Paul Celan)

288

Die Liebe hat einen Triumph und der Tod hat einen,
die Zeit und die Zeit danach.
Wir haben keinen.

Nur Sinken um uns von Gestirnen, Abglanz und Schweigen.
Doch das Lied überm Staub danach
wird uns übersteigen.
(Ingeborg Bachmann)

289

Es gehört zur Würde des Menschen, dass er ein Grab mehr lieben kann als ein Haus, das ihm eigene Unglück mehr als das Glück.
(Reinhold Schneider)

290

Das Sterben ist eine gar zu schwere Kunst.
(Friedrich Dürrenmatt)

291

Wir sollten an jeden Toten denken, als ob er lebte, und an jeden Lebenden, als trennte uns schon der Tod. So richten wir die Wünsche höher, auf die unverletzliche Person.
(Ernst Jünger)

292

Mit jedem dieser Sehr-Alten, deren Namen uns seit Jahrzehnten vertraut sind, geht mehr dahin als eine Person. Eine Zeit nimmt Abschied, die sich in ihnen verdichtete.
(Ernst Jünger)

293

Hinter dem Kap der Guten Hoffnung richtet sich der Kurs nicht mehr nach Landmarken, sondern nach Sternbildern. Und aus dem Schiffsraum steigt ein neuer Steuermann auf Deck.
(Ernst Jünger)

294

Wenn der Mensch stirbt, wird sein Lebenslied im Äther gespielt. Er darf es mithören, bis es ins Schweigen übergeht. Er lauscht dann so aufmerksam inmitten der Qualen, der Unruhe. In jedem Fall war es ein großer Meister, der das Lied ersann. Doch kann es in seinem reinen Klange nur vernommen werden, wo der Wille erlischt, wo er der Hingabe weicht.
(Ernst Jünger)

295

Man muss weggehen können
und doch sein wie ein Baum:
als bliebe die Wurzel am Boden,
als zöge die Landschaft und wir ständen fest.
Man muss den Atem anhalten,
bis der Wind nachlässt
und die fremde Luft um uns zu kreisen beginnt,
bis das Licht von Spiel und Schatten,
von Grün und Blau,
die alten Muster zeigt
und wir zuhause sind,
wo es auch sei
und niedersitzen können und uns anlehnen,
als sei es an das Grab
unserer Mutter.
(Hilde Domin)

296
Zu dritt
zu viert
ungezählte, einzeln

allein
gehen wir diesen Tunnel entlang
zur Tag- und Nachtgleiche

drei oder vier von uns
sagen die Worte
dies Wort:

„Fürchte dich nicht"
es blüht
hinter uns her.
(Hilde Domin)

297
Leben ist ein dauerndes Sterben, mit dem, was um uns stirbt, stirbt etwas in uns ab.
(Gustav Radbruch)

298
Diese drei Tage
vom Tod bis zum Grabe
wie frei werd ich sein
hierhin und dorthin schweifen
zu den alten Orten der Freude

auch zu euch
ja auch zu euch
merkt auf
wenn die Vorhänge wehn
ohne Windstoß
wenn der Verkehrslärm abstirbt
mitten am Tage
horcht

mit dieser Stimme die nicht meine ist
nicht diese gewohnte
buchstabiere ich euch
ein neues Alphabet

in den spiegelnden Scheiben
lasse ich euch erscheinen
Vexierbilder
alte Rätsel
wo ist der Kapitän?
Wo sind die Toten?
Dieser Frage
hingen wir lange nach

zur Beerdigung meiner
Wünsche ich mir das Tedeum
Tedeum laudamus
den Freudengesang
unpassender-
passenderweise

denn ein Totenbett
ist ein Totenbett mehr nicht
einen Freudensprung
will ich tun am Ende
hinab hinauf
leicht wie der Geist der Rose

behalte im Ohr
die Brandung
irgendeine
mediterrane
die Felsenufer
jauchzend und donnernd
hinab
hinauf.
(Marie Luise Kaschnitz)

299

Manchmal stehen wir auf
Stehen wir zur Auferstehung auf
Mitten am Tage
Mit unserem lebendigen Haar
Mit unserer atmenden Haut.

Nur das Gewohnte ist um uns.
Keine Fata Morgana von Palmen
Mit weidenden Löwen
Und sanften Wölfen.

Die Weckuhren hören nicht auf zu ticken
Ihre Leuchtzeiger löschen nicht aus.

Und dennoch leicht
Und dennoch unverwundbar
Geordnet in geheimnisvoller Ordnung
Vorweggenommen in ein Haus aus Licht.
(Marie Luise Kaschnitz)

300

Sie sagen, dass wir uns im Tode nicht vermissen
Und nicht begehren. Dass wir, hingegen
Der Ewigkeit, mit anderen Sinnen leben
Und also nicht mehr voneinander wissen.

Und Lust uns Angst und Sehnsucht nicht verstehen,
die zwischen uns ein Leben lang gebrannt.
Und so viel Fremde uns vorübergehen.
Gleichgültig Aug dem Auge, Hand der Hand.

Wie rührt mich schon das kleine Licht der Sphären,
das wir ermessen können, eisig an
und treibt mich dir ans Herz in wilde Klage.

O halt uns Welt im süßen Licht der Tage,
Und lass solang ein Leben währen kann
Die Liebe währen.
(Marie Luise Kaschnitz)

301

Glauben Sie fragte man mich
An ein Leben nach dem Tode
Und ich antwortete: ja
Aber dann wusste ich
Keine Auskunft zu geben
Wie das aussehen sollte
Wie ich selber
Aussehen sollte
Dort

Ich wusste nur eines
Keine Hierarchie
Von Heiligen auf goldenen Stühlen sitzend
Kein Niedersturz
Verdammter Seelen
Nur

Nur Liebe frei gewordene
Niemals aufgezehrte
Mich überflutend

Kein Schutzmantel starr aus Gold
Mit Edelsteinen besetzt
Ein spinnenwebenleichtes Gewand
Ein Hauch
Mir um die Schultern
Liebkosung schöne Bewegung
Wie einst von tyrrhenischen Wellen
Wie von Worten die hin und her
Wortfetzen
Komm du komm

Schmerzweb mit Tränen besetzt
Berg-und-Tal-Fahrt
Und deine Hand
Wieder in meiner

So lange wir lasest du vor
Schlief ich ein
Wachte auf
Schlief ein
Wache auf
Deine Stimme empfängt mich
Entlässt mich und immer
So fort

Mehr also, fragen die Frager
Erwarten Sie nicht nach dem Tode?
Und ich antworte
Weniger nicht.
(Marie Luise Kaschnitz)

302

Du sollst dir kein Bildnis machen.
Es ist bemerkenswert, dass wir gerade von dem Menschen, den wir lieben, am mindesten aussagen können, wie er sei. Wir lieben ihn einfach. Eben darin besteht ja die Liebe, das Wunderbare an der Liebe, dass sie uns in der Schwebe des Lebendigen hält, in der Bereitschaft, einem Menschen zu folgen in allen seinen möglichen Entfaltungen. Wir wissen, dass jeder Mensch, wenn man ihn liebt, sich wie verwandelt fühlt, wie entfaltet, und dass auch dem Liebenden sich alles entfaltet, das Nächste, das lange Bekannte. Vieles sieht er wie zum ersten Male. Die Liebe befreit es aus jeglichem Bildnis. Das ist das Erregende, das Abenteuerliche, das eigentlich Spannende, dass wir mit den Menschen, die wir lieben, nicht fertig werden: weil wir sie lieben; solange wir sie lieben.
(Max Frisch)

303

Der Fluch des Sterben-*Müssens* soll zu einem Segen gewandelt werden: Dass man noch sterben *kann*, wenn es unerträglich ist zu leben.
(Elias Canetti)

304

Es ist nicht abzusehen, was die Menschen zu glauben imstande sein werden, sobald sie einmal den Tod aus der Welt geschafft haben.
(Elias Canetti)

305

Ich bin erst vierzig; aber es vergeht kaum ein Tag, an dem ich nicht vom Tode eines Menschen erfahre, den ich gekannt habe. Mit den Jahren werden ihrer täglich mehr sein. Der Tod wird bis in die einzelnen Stunden kriechen. Wie soll man ihm schließlich nicht verfallen!
(Elias Canetti)

306

Wann
wenn nicht
um die neunte Stunde
als er schrie
sind wir ihm
wie aus dem Gesicht geschnitten.

Nur seinen Schrei
nehmen wir ihm noch ab
und verstärken ihn
in aller Munde.
(Eva Zeller)

307

Ich denke mir oft, dass ich vor der Geburt von meiner Mutter umgeben war, in ihrem Leib, ohne sie zu kennen. Dann brachte sie mich zur Welt und ich kenne sie nun und lebe mit ihr. So, glaube ich, sind wir als Lebende von Gott umgeben, ohne ihn zu kennen. Wenn wir sterben, werden wir ihn erfahren, so wie das Kind seine Mutter, und mit ihm sein. Warum soll ich den Tod fürchten?
(Carl Zuckmayer)

308

Ich gehe langsam aus der Welt heraus
in eine Landschaft jenseits aller Ferne
und was ich war und bin und was ich bleibe
geht mit mir ohne Ungeduld und Eile
in ein bisher noch nicht betretenes Land

Ich gehe langsam aus der Zeit heraus
in eine Zukunft jenseits aller Sterne
und was ich war und bin und immer bleiben werde
geht mit mir ohne Ungeduld und Eile
als wär ich nie gewesen oder kaum
(Hans Salomon Sahl)

309

Der Mensch ist nicht das Haus,
in dem er wohnt.
Die Seele ist nicht der Körper, in dem er wohnt.
Das Haus zerfällt,
der Körper verwelkt –
doch die Seele blüht
zu immer größerer Schönheit auf,
wenn ihr Sinn erkannt wird.
Denn sie ist nicht von dieser Welt
Und nicht von dieser Zeit.
Ihre Erbschaft heißt Unsterblichkeit.
(Hans Kruppa)

310

Traurigsein
heißt nicht gut ausatmen können
und nicht spüren wie etwas schmeckt
außer Traurigsein.

Traurigsein
heißt vielleicht mehr bemerken
von dem was traurig ist
als vor dem Traurigsein

Traurigsein
heißt nicht Traurigseinwollen
und nicht Unglücklichseinwollen
und auch nicht Glücklichseinwollen

Traurigsein
heißt überhaupt nichts wollen
und auch nichts nichtswollen
Es heißt nur Traurigsein
(Erich Fried)

311

Nicht nichts
ohne Dich
aber nicht dasselbe

Nicht nichts
ohne dich
aber vielleicht weniger

Nicht nichts
aber weniger
und weniger

Vielleicht nicht nichts
ohne dich
aber nicht mehr viel
(Erich Fried)

312

Da wird ein Ufer
zurückbleiben.
Oder das Ende eines
Feldwegs.

Noch über letzte Lichter hinaus
wird es gehen.

Aufhalten darf uns
niemand und nichts!

Da wird sein
unser Mund
voll Lachens –

Die Seele
reiseklar –

Das All
nur eine schmale
Tür
angelweit offen –
(Heinz Piontek)

313
Du hast mir schon Fragen gestellt
über „Gott und über die Welt",
und meist konnt' ich dir Antwort geben.
Doch jetzt bringst du mich aus dem Lot
mit deiner Frage nach dem Tod.
Und „was ist, wenn wir nicht mehr leben?"
Da muss ich passen, tut mir leid,
niemand weiß da so recht Bescheid,
solang es Menschen gibt auf Erden.
Ich stelle mir das Sterben vor
so wie ein großes, helles Tor,
durch das wir einmal gehen werden.

Dahinter liegt der Quell des Lichts,
oder das Meer, vielleicht auch nichts,
vielleicht ein Park mit grünen Bänken.
Doch eh' nicht jemand wiederkehrt
und mich eines Bess'ren belehrt,
möcht' ich mir dort den Himmel denken.
Höher, als Wolkentürme steh'n,
höher noch als Luftstraßen geh'n,
Jets ihre weißen Bahnen schreiben.
Jenseits der Grenzen unserer Zeit,
ein Raum der Schwerelosigkeit,
Ein guter Platz um dort zu bleiben.

Fernab von Zwietracht, Angst und Leid.
in Frieden und Gelassenheit.
Weil wir nichts brauchen, nichts vermissen.
Und es ist tröstlich, wie ich find',
die uns vorausgegangen sind
und die wir lieben dort zu wissen.
Und der Gedanke, irgendwann
auch durch dies Tor zu geh'n, hat dann
nichts Drohendes, er mahnt uns eben,
jede Minute bis dahin,
Wie ein Geschenk, mit wachem Sinn,
in tiefen Zügen zu erleben.
(Reinhard Mey)

314
Hoffnung II

Wer hofft
ist jung

Wer könnte atmen
ohne Hoffnung
dass auch in Zukunft
Rosen sich öffnen

ein Liebeswort
die Angst überlebt
(Rose Ausländer)

315
Ich weiß, ich wachse
dem Sterben entgegen.

Und auch: Nie werd' ich
dem Sterben gewachsen sein.

Ich weiß noch nicht mal,
wie ich leben sollte.

Lebe, als ob
ich nicht sterben müsste.

Und das in einem Alter,
wo gestorben wird.

Stets häufiger gehen
Freunde, Freundinnen für immer.

Realitäten,
und dennoch irreal – für mich.

Dann wohl: das Leben
ein Traum.

Und Du, Gott, vielleicht
mein schönstes Erwachen?

Noch aber wage ich's
nicht zu glauben.

Denke auch, ehrlich gesagt,
nur hie und da mal daran.
(Kurt Marti)

316

ich wurde nicht gefragt
bei meiner zeugung
und die mich zeugten
wurden nicht gefragt
bei ihrer zeugung
niemand wurde gefragt
außer dem Einen

und der sagte
ja

ich wurde nicht gefragt
bei meiner geburt
und die mich gebar

wurde auch nicht gefragt
bei meiner geburt
niemand wurde gefragt
außer dem Einen

und der sagte
ja
(Kurt Marti)

317
Wenn ich gestorben bin
hat sie gewünscht
feiert nicht mich
und auch nicht den tod
feiert DEN
der ein gott von lebendigen ist

wenn ich gestorben bin
hat sie gewünscht
zieht euch nicht dunkel an
das wäre nicht christlich
kleidet euch hell
singt heitere lobgesänge

wenn ich gestorben bin
hat sie gewünscht
preiset das leben
das hart ist und schön
preiset DEN
der ein gott von lebendigen ist
(Kurt Marti)

318
Wir sind Analphabeten des Sterbens.
(Ulrich Horstmann)

319

Wenn uns wer sterben will,
schreckt uns, wie Leben sich in Schmerz verwandelt.
Wie es auch war: wir sind in Schuld.
Und nun wird nichts mehr abgehandelt.
(Eva Strittmatter)

320

Bei jedem Abschied
stirbt ein Stückchen Gegenwart in uns
und wird Vergangenheit.
Doch unsere Seele weiß,
wie man das Glück bewahrt
in der Erinnerung
und so ihm eine Zukunft gibt,
die ohne Ende ist.
(Marlene Hörmann)

321

Leise geht das Spinnrad
des Lebens
und spinnt
den Faden
der Stunden und Tage,
bis die Wolle
zu Ende.
Doch andere Hände
werden sich mühen,
die Wolle zu weben
zu neuem Tuch.
(Marlene Hörmann)

322

Jedes Jahr,
um die gleiche Zeit,
stirbt mein Herz deinen Tod.

Wenn
der Kalender
den Sommer anzeigt,
falle ich
mitten in den
Winter.

Wenn
die Natur
bunt anlegt,
sehe ich
grau.

Wenn
die Sonne
sich auf den
Gesichtern spiegelt,
ist sie
für mich
in Trauer.

Jedes Jahr,
um die gleiche Zeit,
sterbe ich
deinen Tod.

Um danach
das Atmen
neu zu lernen
(Renate Salzbrenner)

323

Sonnendurchfluteter Tag
blauer
offener Himmel
meine Sehnsucht
zieht mit dem Wind
Erinnerungen
werden lebendig
ich sehe

dich lachen
höre
deine Stimme
fühle
deine Hände
erspüre
deinen Blick
meine Sehnsucht
nach dir
zieht mit dem Wind
die Wunde des Abschieds
vernarbt
auf dem Grab
liegt eine Rose
von mir
es ist gut
in der Ewigkeit
sehen wir uns wieder
für immer
(Margot Bickel)

324
Keiner wird gefragt
wann es ihm recht ist
Abschied zu nehmen
von Menschen
Gewohnheiten
sich selbst

irgendwann
plötzlich
heißt es
damit umgehen
ihn aushalten
annehmen
diesen Abschied
diesen Schmerz des Sterbens

dieses Zusammenrechen
um neu
aufzubrechen
(Margot Bickel)

325

Neun Monate lang
wirst du erwartet
dein Werden und Wachsen
mit Hoffen und Bangen erspürt
du hast schon einen Namen
und Raum zum Leben
bist allen willkommen
doch du kommst
und kommst doch nicht an
dein Kommen
fordert Abschied nehmen
du bist nicht zu haben
du musst losgelassen
hergegeben werden
an den Ursprung
kehrst du zurück
ohne in dieser Welt zu leiden

Neun Monate lang
warst du bei uns
als ein Geschenk
als eine Verheißung
in jeder Stunde
In jeder Minute
die Leere
die du hinterlässt
schmerzt tief
es ist
als nähme die Nacht kein Ende
und doch –
ein neuer Tag
eine neue Verheißung
wird anbrechen
(Margot Bickel)

326

Woher soll ich sie nehmen,
die Kraft,
am Ende eines Tages?
Woher soll ich ihn nehmen,
den Willen,
nach der Nacht der Willenlosigkeit?
Woher soll ich sie nehmen,
die Freude,
nach den Bildern des Schreckens?
Woher sie wohl kommt,
die Sonne,
nach jeder Dunkelheit?
(Tina Krug)

327

Der Tod geht zwei Schritte hinter dir. Nütze den Vorsprung und lebe.
(Werner Mitsch)

328

Von Zeit zu Zeit
sind da
Erinnerungsspuren:
Augen Blicke
Bilder fluten
schweigendes Lächeln
von Zeit zu Zeit.

Von Ort zu Ort
sind da
Erinnerungsspuren:
In der Wehmut
vergangener
Lebenstage und
traumvoller Nächte
von Ort zu Ort.

Noch ist
Unordnung
in der Unordnung:
Gedächtnis
ohne Bewusstsein.
Noch sind
Umschriften gefragt
die schmerzen.
(Klaus Dirschauer)

329

Kein Toter ist tot, solange einer an ihn denkt, einer ihn liebt.
(Johannes Mario Simmel)

Internationale Dichter und Schriftsteller

330
Das Leben,
das du suchst,
wirst du nicht finden!
Als die Götter die Menschheit erschufen,
teilten den Tod sie der Menschheit zu,
nahmen das Leben für sich in die Hand.
(Gilgamesch-Epos)

331
Ein Antlitz,
das in die Sonne sehen könnte,
gibt es seit jeher nicht.
Der Schlafende und der Tote,
wie gleichen sie einander!
(Gilgamesch-Epos)

332
Vom Schein lass mich gelangen zum Sein;
von der Finsternis lass mich gelangen zum Licht;
vom Tod lass mich gelangen zum Leben!
(Upanishaden)

333
Gleichwie Blätter im Walde,
so sind die Geschlechter der Menschen;
einige streuet der Wind auf die Erd' hin,
andere wieder treibt der knospende Wald,
erzeugt in des Frühlings Wärme:
so der Menschen Geschlecht,
dies wächst und jenes verschwindet.
(Homer)

334
Wen die Götter lieben, der stirbt jung.
(Menander)

335
Erkenne, dass alle wir des Todes Schuldner sind.
(Euripides)

336
Auf alle Menschen wartet gleicher Tod, und keinen gibt es, der an diesem Tag schon weiß, ob er den nächsten noch erlebt.
(Euripides)

337
Wer weiß, ob nicht das Leben Tod ist und drunten das Totsein als Leben gilt.
(Euripides)

338
Wer aber weiß, ob nicht das, was man Totsein nennt, Leben ist und das Leben Totsein? Dabei muss man allerdings davon absehen, dass die Lebenden leiden müssen, die Toten aber keine Leiden und Übel kennen.
(Euripides)

339
Longius aut propius mors sua quemque manet.

Später oder früher bleibt jedem sein eigener Tod.
(Sextus Propertius)

340

Selber wird mich befreien der Gott,
wenn ich' wünsche.
Das heißt doch: Sterben werd ich.
(Mors ultima linea rerum est)
Der Tod ist das letzte Ziel aller Dinge.
(Horaz)

341

Zeige dich klug;
kläre den Wein,
stelle der Hoffnung Flug
auf das Heute nur ein!
Neidisch entflieht,
während du sprichst die Zeit;
schenk dem kommenden Tag nimmer Vertraun,
koste den Augenblick!
Carpe diem.
Nutze (genieße) den Tag.
(Horaz)

342

Omnes una manet nox.
Et calanda semel via leti.

Ein Dunkel erwartet uns alle,
einmal geht es die Strasse des Todes.
(Horaz)

343

Doch wisse den letzten der Tage
muss erst immer der Mensch abwarten,
und glücklich geheißen darf kein Sterblicher sein
vor dem Tod und dem Leichenbegängnis.
(Ovid)

344

Mir ist der Tod nicht schwer,
da im Tode aufhören die Leiden;
ihm nur, den ich geliebt,
ihm wünscht' ich ein längeres Leben.
Nun mit einander vergeh'n wir zwei in der einzigen Seele.
(Ovid)

345

Stulte, quid est somnus, gelidae nisi mortis imago?

Was ist, du Tor, der Schlaf, wenn nicht des eis'gen Todes Bildnis?
(Ovid)

346

To be, or not to be: that is the question:
Whether 'tis nobler in the mind to suffer
the slings and arrows of outrageous fortune,
or to take arms against a sea of troubles,
and by opposing end them. To die, – to sleep, –
no more; and by a sleep to say we end
the heart-ache, and the thousand natual shocks
that flesh is heir to, 'tis a consummation
devoutly to be wished. To die, – to sleep; –
to sleep! Perchance to dream! Ay, there's the rub;

Sein oder Nichtsein, das ist hier die Frage;
Ob's edler im Gemüt, die Pfeil' und Schleudern
Des wütenden Geschicks erdulden, oder,
sich waffnend gegen eine See von Plagen,
im Widerstand zu enden, Sterben – schlafen –
nichts weiter! – und zu wissen, dass ein Schlaf
das Herzweh und die tausend Stöße endet,
die unsers Fleisches Erbteil – 's ist ein Ziel,
aufs innigste zu wünschen. Sterben – schlafen –
Schlafen! Vielleicht auch träumen! – Ja, da liegt's:
(Shakespeare)

347

I know no evil Death can show,
which Life has not already shown to those who live.

Kein Übel kann der Tod uns zeigen,
das nicht schon das Leben jedem zeigt, der lange im Körper lebt.
(George Gordon Lord Byron)

348

Ist das Leben in seiner Ganzheit für uns sichtbar, oder kennen wir vor dem Tode nur die eine Hälfte? Die Maler – um nur von ihnen zu reden – sprechen, wenn sie tot und begraben sind, durch ihre Werke zur nächsten Generation oder zu vielen späteren Generationen. Ist das alles, oder gibt es gar noch mehr? Der Tod ist vielleicht nicht das Schwerste, was es im Leben eines Malers gibt. Ich erkläre, dass ich nichts darüber weiß, aber beim Anblick der Sterne verfalle ich immer ins Träumen, *genauso einfach*, wie die schwarzen Punkte auf der Landkarte, die Städte und Dörfer bedeuten, mich zum Träumen bringen. Warum, frage ich mich, sollten uns die leuchtenden Punkte am Himmelsgewölbe weniger zugänglich sein als die schwarzen Punkte auf der Karte von England? Wie wir den Zug nehmen, um nach Tarascon oder nach Rouen zu fahren, so nehmen wir den Tod, um auf einen Stern zu gelangen. An diesem Gedankengang ist eines sicher wahr: Solange wir *am* Leben sind, können wir uns *nicht* auf einen Stern begeben, ebenso wenig wie wir den Zug nehmen können, wenn wir tot sind. Jedenfalls scheint mir nicht unmöglich, dass Cholera, Nierensteine, Schwindsucht, Krebs himmlische Beförderungsmittel sind, so wie Dampfschiffe, Omnibus und Eisenbahn irdische sind. Ruhig an Altersschwäche sterben hieße dann zu Fuß hingehen.
(Vincent van Gogh)

349

Der Tod ist kein Übel, denn er ist ein unzweifelhaftes Gesetz Gottes.
(Leo H. Tolstoi)

350

Der Tod ist Übergang zu neuer, noch nicht gekannter, völlig neuer, anderer, größerer Freude.
(Leo H. Tolstoi)

351

Erst der Tod und die letzten Minuten, Stunden und Jahre geben dem Leben Sinn.
(Leo H. Tolstoi)

352

Wer den Sinn des Lebens in der Vervollkommnung sieht, kann nicht an den Tod glauben – daran, dass die Vervollkommnung abreißt. Was sich vervollkommnet, ändert nur seine Form.
(Leo N. Tolstoi)

353

Sage, wie bist du vom Wachzustand in den Schlaf gelangt und worin besteht dieser Übergang? Ebenso unmöglich ist es, zu begreifen und zu sagen, worin der Übergang vom Leben zu Tode besteht.
(Leo H. Tolstoi)

354

Tod, das ist ein zugeschlagenes Fenster, durch das ich die Welt betrachtet habe, oder geschlossene Augenlider und Schlaf, oder ein Wechsel vom einen Fenster zum anderen.
(Leo H. Tolstoi)

355

Warum erkennen die Menschen nicht, dass das Leben die Entstehung eines neuen Bewusstseins ist und mit dem Tod das alte aufhört und ein neues beginnt.
(Leo H. Tolstoi)

356
Das Leben macht alle Menschen gleich, der Tod hebt den hervorragendsten empor.
(George Bernhard Shaw)

357
Und sein Tod kam so plötzlich. Ich hatte stets die Absicht, ihm zu danken, ihn wissen zu lassen, dass ich nicht alle meine Fürsorge als etwas Selbstverständliches hingenommen habe, wie jeder Junge seines Vaters Fürsorge hinnimmt. Aber ich wartete auf eine Gelegenheit. Und nun ist er tot. Tot ohne jede vorhergegangene Warnung! Er wird niemals wissen, was ich für ihn gefühlt habe.
(George Bernhard Shaw)

358
Was willst du ihm bieten an jenem Tage,
wenn der Tod an deine Tür pocht?

O ich will vor meinem Gast die volle Schale
Meines Lebens stellen,
will ihn mit leeren Händen gehen lassen.

Die volle, süße Lese aller meiner Herbstetage,
aller meiner Sommernächte, jeden Gewinn
und jede späte Ernte erfüllten Lebens
will ich vor ihn stellen am Ende meiner Tage,
wenn der Tod an meine Tür pocht.
(Rabindranath Tagore)

359
Es (Sterben) ist das Auslöschen der Lampe im Morgenlicht, nicht das Auslöschen der Sonne.
(Rabindranath Tagore)

360

Unser Selbst, als Gestaltung der Freude Gottes, ist unsterblich. Denn seine Freude selbst ist amrtam, ewig. Dies ist es, was uns an den Tod nicht glauben lässt, selbst wenn wir an der Tatsache des Todes nicht zweifeln können. Dieser Widerspruch in uns wird aufgehoben durch die Wahrheit, dass in dem Dualismus von Tod und Leben Harmonie ist. Wir wissen, dass das Leben einer Seele, das seiner Erscheinung nach endlich und seinem Wesen nach unendlich ist, auf seiner Wallfahrt nach dem Unendlichen durch die Tore des Todes gehen muss. Der Tod ist monistisch, er hat kein Leben in sich. Aber das Leben ist dualistisch; es hat beides, den Schein und die Wahrheit, und der Tod ist jener Schein, jene maya, die eine unzertrennliche Begleiterin des Lebens ist. Unser Selbst muss, um zu leben, beständig in seiner Form sich wandeln und wachsen; man könnte sagen, dass gleichzeitig ein beständiges Sterben und ein beständiges Leben in ihm vor sich geht.
(Rabindranath Tagore)

361

Bald aber werden wir alle sterben und alles Angedenken (jener fünf) wird dann von der Erde geschwunden sein und wir selbst werden für eine kleine Weile geliebt und dann vergessen werden. Doch die Liebe wird genug gewesen sein; alle diese Regungen von Liebe kehren zurück zu der einen, die sie entstehen ließ. Nicht einmal eines Erinnerns bedarf die Liebe.
Da ist ein Land der Lebenden und ein Land der Toten und die Brücke zwischen ihnen ist die Liebe – das einzige Bleibende, der einzige Sinn.
(Thornton Wilder)

362

Wir sterben nicht jeder für uns,
sondern die einen für die andern,
oder, wer weiß?!
Die einen an Stelle der andern.
(Georges Bernanos)

363

Ein wahrer Schmerz, der von einem Menschen ausgeht, gehört, scheint mir, zunächst einmal Gott an. Ich versuche, ihn demütig im Herzen so aufzunehmen, wie er ist; ich bemühe mich, ihn dort zu dem meinigen zu machen und ihn zu lieben. Ich verstehe all den verborgenen Sinn in dem alltäglich gewordenen Ausdruck „mit etwas eins werden", denn in der Tat werde ich mit einem solchen Schmerz eins wie mit der Hostie.
(Georges Bernanos)

364

Wenn du bei Nacht den Himmel anschaust, wird es dir sein, als lachten alle Sterne, weil ich auf einem von ihnen wohne, weil ich auf einem von ihnen lache.
(Antoine de Saint-Exupéry)

365

Einzig die Richtung hat einen Sinn. Es kommt darauf an, dass du auf etwas zugehst, nicht, dass du ankommst; denn man kommt nirgendwo an, außer im Tode.
(Antoine de Saint-Exupéry)

366

Die Abwesenden werden wie Tote sein und die Toten wie Abwesende.
(Antoine de Saint-Exupéry)

367

Nur dann werden wir in Frieden leben können, denn das, was dem Leben Sinn verleiht, gibt auch dem Tod Sinn.
(Antoine de Saint-Exupéry)

368

Ich kenne und vielleicht kennen Sie jene etwas sonderbaren Familien, welche an ihrem Tisch einem Toten den Platz freihalten. Sie leugnen das Endgültige. Aber nie schien mir dieser Trotz ein Trost zu sein. Tote muss man dem Tode lassen. Dann wird ihnen, in der Rolle des Totseins, eine andere Form des Daseins zuteil. Jene Familien aber verzögerten ihre Wiederkehr. Sie machten ewig Abwesende aus ihnen, Tischgenossen, die zu spät dran sind für die Ewigkeit. Sie vertauschten die Trauer gegen ein leeres Warten. Diese Häuser schienen mir in ein hoffnungsloses Unbehagen getaucht, das ganz anders würgt als der Kummer. Um den Flieger Guillaumet, den letzten Freund, den ich verlor und der im Dienste der Flugpost umkam, mein Gott, da hab ich die Trauer auf mich genommen. Guillaumet wird sich nie mehr verändern. Er wird nie mehr da, aber auch nie mehr fort sein. Ich habe ein Gedeck von meinem Tische fortgeräumt, diese überflüssige Schlinge, ihn zu fangen, und habe aus ihm einen richtigen toten Freund gemacht.
(Antoine de Saint-Exupéry)

369

Alle Toten sind unsere älteren Brüder.
(Julien Green)

370

Nichts macht uns älter als der Tod von Menschen, die wir als Kinder kannten.
(Julien Green)

371

Ich glaube, die meisten Menschen sterben, ohne je hinter den Sinn der Rolle gekommen zu sein, die sie spielen.
(Julien Green)

372
Was uns beim Sterben weh tut, ist das Leben.
(Jean Anouilh)

373
Niemand weiß, wofür er stirbt.
(Jean Anouilh)

374
Die Toten sind zahlreicher als die Lebenden. Ihre Zahl nimmt zu. Die Lebenden sind selten.
(Eugene Ionesco)

375
Jeder ist der erste, der stirbt.
(Eugene Ionesco)

376
Nicht was man Tod nennt, sondern was hinter dem Tod nicht Tod ist, fürchten wir, fürchten wir. Wer tritt dann für mich ein, wer nimmt für mich das Wort in meiner Angst?
(Thomas Stearns Elliot)

377
Was ist gestern? Was ist heute?
Was ist Wahrheit? Was ist Trug?
Sind wir nicht die eigne Beute
und selbst genug?

Wo ich fühle, steigt die Erde Mal um Mal,
fällt und glitzert leise singend,
steigt, durch Licht und Schatten dringend,
wie die bunte Kugel auf dem Springbrunnenstrahl.

Was ist Sterben? Und was Leben?
Tanz aus Dunkel, Ruhe, Licht und Schall!
Allem Sein zutiefst ergeben,
lausch ich ferner Tode Widerhall.
(René Schickele)

378

Für die Idee zu sterben, ist die einzige Art, ihrer würdig zu sterben.
(Albert Camus)

379

Vieles stirbt zugleich mit einem Menschen.
(Albert Camus)

380

Es ist leicht, es ist so viel leichter, an seinen Widersprüchen zu sterben, als mit ihnen zu leben.
(Albert Camus)

381

Der Tod ist der Spiegel des Todes.
(Jean-Paul Sartre)

382

So ist der Tod nie das, was dem Leben seinen Sinn gibt: Er ist im Gegenteil das, was ihm grundsätzlich jede Bedeutung nimmt. Wenn wir sterben müssen, hat unser Leben keinen Sinn, weil seine Probleme ungelöst bleiben und weil sogar die Bedeutung der Probleme unbestimmt bleibt.
(Jean-Paul Sartre)

383

Gott wolle mich vor einer Müdigkeit bewahren, durch die mir mein Sterben entginge!
(Marcel Jouhandeau)

384

So dünn ist bereits die Scheidewand, die mich vom Tod trennt –
und sie wird zusehends dünner –
dass mich manchmal dünkt,
das Leben sei auf der anderen Seite.
(Marcel Jouhandeau)

385

Am Rande des Grabes findet man alles wieder, was uns das Schicksal früher scheinbar entrissen hat.
(Marcel Jouhandeau)

386

Leben heißt, immer wieder geboren werden. Der Tod ist nur eine allerletzte Geburt, das Leichentuch unsere letzte Windel.
(Marcel Jouhandeau)

387

Welche Ruhe ist das doch, wenn man keine Zukunft hat als jenseits des Grabes.
(Marcel Jouhandeau)

388

Man kennt die Menschen nicht früher, als bis man weiß, wie sie mit dem letzten Untergang fertig werden.
(Marcel Jouhandeau)

389

Man bemitleidet Menschen in dem Maße, wie man sich selbst
bemitleiden würde.
(Marcel Jouhandeau)

390

Uninteressante Menschen gibt es nicht.
Jeder hat seine Geschichte, sein Gesicht,
das nur ihm gehört. Ein jeder ein Planet:
So reich, und keiner, der ihm gleicht. Versteht:

Auch wenn einer unauffällig lebt
und nichts als Unauffälligkeit erstrebt,
ist er unter allen andern dann
durch seine Unauffälligkeit interessant.

Jeder hat seine geheime Welt,
von einem schönen Augenblick erhellt,
von einem schrecklichen Tag versehrt:
und allen andern ist sie ganz verwehrt.

Und wenn ein Mensch stirbt, stirbt mit ihm
sein erster Schnee aus jener grauen Früh,
sein erster Kuss nachts und sein erster Zorn:
Und all das nimmt er mit sich fort.

Bücher bleiben uns und Brücken, Kram
und Maschinen, Leinwände, gut gerahmt,
Geschmeide und Gelumpe – vieles bleibt:
Und alles andre zerfällt mit seinem Leib.

Das ist das Gesetz dieses rohen Laufs,
nicht Menschen sterben: Welten hören auf.
Wir weinen ihnen eine Träne nach
Und erkannten sie nicht am hellen Tag.

Was wissen wir vom Bruder und vom Freund,
von ihr, die nah uns ist und ferne träumt!
Vom eignen Vater, Gesicht gegen Gesicht,
wissen wir, alles wissend, nichts.

Die Menschen gehen fort ... Dann sind sie fort.
Ihre Welten sind ein toter leerer Ort.
Und jedes Mal, und denk ich dein,
möchte ich über dieses Ende schrein.
(Jewgeni Jewtuschenko)

391

Grabreden werden für Tote gehalten, aber von Lebenden gehört.
(Zarko Petan)

392

Der Tod ist das natürliche Ende eines unnatürlichen Lebens.
(Zarko Petan)

393

Der Tod tut nur den Hinterbliebenen weh.
(Zarko Petan)

394

Über viele Menschen kann man offen reden, wenn ihr Grab zu ist.
(Zarko Petan)

395

Vor meinem eignen Tod ist mir nicht bang,
Nur vor dem Tode derer, die mir nah sind.
Wie soll ich leben, wenn sie nicht mehr da sind?

Allein im Nebel tast ich todentlang
Und laß mich willig in das Dunkel treiben.
Das Gehen schmerzt nicht halb so wie das Bleiben.

Der weiß es wohl, dem gleiches widerfuhr;
– Und die es trugen, mögen mir vergeben.
Bedenkt: den eignen Tod, den stirbt man nur,
Doch mit dem Tod der andern muß man leben.
(Mascha Kaléko)

396

Alle müssen sie heim. Nur ich muß nicht müssen.
Keiner wartet, daß ich das Essen ihm richte.
Keiner sagt, komm, setz dich her. Wie bist du müde!
Schneidet mir keiner das Brot.

Keiner weiß, wie ich war mit achtzehn, damals.
Keiner stellt mir den ersten Flieder hin,
Holt mich vom Zug mit dem Schirm.

Ist keiner, dem ich beim Lampenlicht lese,
Was der Chinese vom Witwentum sagt:
„Die Gott lieb hat, nimmt er zu sich, ehe er ihr den Geliebten nimmt."
(Mascha Kaléko)

397

Eines Morgens wachst du auf und bist nicht mehr am Leben.
Über Nacht, wie Schnee und Frost, hat es sich begeben.
Aller Sorgen dieser Welt
Bist du nun enthoben.
Krankheit, Alter, Ruhm und Geld
Sind wie Wind zerstoben.
Friedlich sonnst du dich im Licht
Einer neuen Küste,
Ohne Ehrgeiz, ohne Pflicht.
Wenn man das nur wüßte!
(Mascha Kaléko)

398

Wenn ein Mensch stirbt, so verwandeln
sich seine Bilder:
anders sehen die Augen;
die Lippen lächeln ein anderes Lächeln.
Dies hab ich bemerkt,
als ich zurückkam vom Begräbnis des Dichters.
Seitdem habe ichs oft überprüft,
und meine Vermutung hat sich bestätigt.
(Anna Achmatowa)

399

Wenn ein Mensch stirbt, verbinden sich seine Geheimnisse wie Kristalle, wie Eis am Fenster. Sein letzter Atemzug lässt die Scheibe beschlagen.
(Anne Michaels)

400

Unsere Beziehung zu den Toten verändert sich immer weiter, weil wir nicht aufhören, sie zu lieben.
(Anne Michaels)

401

Es gibt keine Abwesenheit, solange auch nur die Erinnerung an die Abwesenheit bleibt. Erinnerung stirbt, wenn man ihr keinen Sinn verleiht … Wenn man kein Land mehr hat, aber die Erinnerung an Land besitzt, dann kann man eine Karte zeichnen.
(Anne Michaels)

402

Die Erinnerungen, denen wir ausweichen, folgen uns und holen uns ein wie ein Schatten.
(Anne Michaels)

Sprüche und Sprichwörter

Aus China

403

Bevor jemand stirbt, sagt er die Wahrheit.

404

Das Leben besteht aus Leid und Not, der Tod – aus Frieden und Freude.

405

Ist das Werk des Menschen auf Erden getan, geht er mit leeren Händen.

406

Lieber auf Erden eine Schale Tee trinken, als im Totenreich Suppe löffeln.

407

Mit dem Tod ist alles aus.

408

Nichts wiegt schwerer als der Tod des Herzens.

409

Nur ein seichtes Gewässer ist der Fluss, der das Leben und den Tod voneinander scheidet.

410

Obwohl sie nicht hundert Jahre alt werden, bereiten sich die Menschen Sorge für tausend Jahre.

411

Selbst Fliegen hängen am Leben und fürchten den Tod.

412

Wer am Totenbett einen Kornspeicher hinterlässt, wird viel beweint.

413

Wer an Schwindsucht oder Wassersucht leidet, steht auf der Gästeliste der Höllenfürsten.

Aus Deutschland

414

Alles für Geld, umsonst ist nur der Tod.

415

Arm ist, wer den Tod wünscht, aber ärmer, wer ihn fürchtet.

416

Arm oder reich, der Tod macht alles gleich.

417

Arm oder reich, vor Gott sind alle gleich.

418

Besser schnell gestorben als langsam verdorben.

419

Der ewige Frieden ist auf dem Kirchhof.

420

Der Tod frisst all' Menschenkind,
wie er sie find't,
fragt nicht, wes' Stand's und Ehren sie sind.

421

Der Tod hat noch keinen vergessen.

422

Der Tod hat keinen Kalender.

423

Der Tod heilt alle Übel.

424

Der Tod ist blind, sieht doch all' an,
er schießt gewiss, trifft jedermann,
Herr, Knecht, Frau Magd, Reich, Arm, Jung, Alt,
wie, wo, wann und wer ihm gefällt.

425

Der Tod ist das Ende der Laufbahn.

426

Der Tod ist das Ende aller Not.

427

Der Tod ist der Gerichtsvollzieher der Ewigkeit.

428

Der Tod ist der ungekrönte König der Menschheit.

429
Das Leben ist ein Irrtum, ein Windstoß der Tod.

430
Tod ist ewiger Schlaf.

431
Mors certa, hora incerta.
Der Tod ist gewiss, seine Stunde ungewiss.
(Uhr am neuen Rathaus in Leipzig)

432
Der Tod ist Grenzstein dieses Lebens, nicht der Liebe.

433
Der Tod ist nicht schlimm zu achten, dem ein gutes Leben vorangegangen.

434
Der Tod ist uns so nahe, dass sein Schatten stets auf uns fällt.

435
Mit dem gnadenlosen Tod muss Jung und Alt dahin, die Jungen findet er, die Alten finden ihn.

436
Der Tod kommt als ein Dieb und scheidet Leid und Liebe.

437
Der Tod kommt ungeladen.

438
Der Tod kommt mit Samtpfötchen.

439
Der Tod macht alle gleich:
Er frisst arm und reich.

440
Der Tod macht mit allen Feierabend.

441
Der Tod macht stille Leute

442
Der Tod steht den Jungen auf der Lauer, aber den Alten vor Augen.

443
Der Tod zahlt alle Schulden.

444
Der Katzen Spiel ist der Mäuse Tod.

445
Des einen Tod, des andern Brot.

446
Die letzte Stunde ist verborgen.

447
Warm ist das Leben, kalt ist der Tod.

448
Das Leben ist ein Irrlicht, ein Windstoß der Tod.

449
Fraß bringt mehr um als das Schwert.

450
Für den Tod ist kein Kraut gewachsen.

451
Gedenke des Todes.

452
Gott führt wohl in die Grube, aber auch wieder hinaus.

453
Kein Harnisch schützt wider den Tod.

454
Keiner ist so alt, der nicht noch ein Jahr leben will, keiner ist so jung, der nicht heute noch sterben kann.

455
Lange Krankheit, sicherer Tod.

456
Man lobt im Tode manchen Mann,
der Lob im Leben nie gewann.

457
Mit den Beinen läuft man nicht in den Himmel.

458
Neuer Arzt, neuer Kirchhof.

459
Niemand ist vor seinem Tode glücklich zu sprechen.

460
O Tod, wie wohl tust du dem Dürftigen.

461
Schnell reitet der Tod.

462
Umsonst ist der Tod, aber er kostet das Leben.

463
Viele fallen durch das Schwert, mehr noch vom Wein.

464
Was tot ist, beißt nicht mehr.

465
Wo die Ärzte streiten, da erntet der Tod.

466
Zwei Tode kann niemand sterben.

Aus Dänemark

467
Der Tod stößt nicht in die Trompete.

468
Wenige haben Glück, alle den Tod.

Aus England

469
Sprich niemals schlecht vom Tod.

470
Der Tod ist der große Gleichmacher.

471
Nichts ist sicher bis auf den Tod und die Steuern

Aus Estland

472
Wenn der Tod kommt, hat der Reiche kein Geld und der Arme keine Schulden.

Aus Finnland

473
Wer der Geburt nicht entgangen ist, entgeht nicht dem Tod.

Aus Frankreich

474
Auch der Reichste kann nur sein Leichentuch mitnehmen.

Aus Indien

475
Sitzen ist besser als gehen,
liegen besser als sitzen,
schlafen ist besser als wach sein,
und tot sein das Beste von allen.

476
Trägheit, Schlaf und Gähnen sind drei Brüder des Todes.

Aus Irland

477
Willst du gescholten werden, so heirate; willst du gepriesen werden, so stirb.

Aus Italien

478
Jede Tür mag verschlossen werden, nur nicht die des Todes.

479
Vorhergesehener Tod kommt niemals.

Jüdische Sprüche

480

Dein Ursprung g'ring
dein Ende kläglich –
dein Richter streng –
dran denke täglich

481

Der Mensch allein – durch seinen Glauben – kann selbst dem Tod sein Bittres rauben.

482

Ein geiziger Mensch und eine fette Kuh sind erst nach dem Tod nützlich.

483

Es gibt keine schlechte Mutter oder einen guten Tod.

484

Leichengewänder haben keine Taschen.

485

Sorg, dass man einst an deiner Bahre
nur Gutes über dich erfahre.

486

Stete Not – langsamer Tod.

487

Stirbt ein Meister, schied ein Held.
Trifft sein Verlust die ganze Welt.

488

Wer wär je von hier geschieden,
der halb erreicht, was er erhofft, hiernieden.

Aus Persien

489

Die Erde ist ein Wirt, der seine Gäste umbringt.

Aus Polen

490

Der Tod schließt die Augen und den Mund und öffnet die Schränke ohne Schlüssel.

491

Den Tod segnest du weder weg noch betest du ihn weg.

492

Für wen das Leben schwer war, für den ist die Erde leicht.

Aus Russland

493

Der Tod nimmt nicht die Alten, sondern die Reifen.

494

Der Tod ist ein Riese, vor dem auch der Zar die Waffen strecken muss.

495
Was fürchtest du den Tod, Väterchen?
Es hat ja noch keiner erlebt, dass er gestorben ist.

Aus der Schweiz

496
Ich geh' aus oder ein,
so ist der Tod und wartet mein.

Aus der Türkei

497
Der Tod ist ein schwarzes Kamel, das an jedermanns Tor kniet.

498
Wenn das Haus fertig ist, kommt der Tod.

Aus Ungarn

499
Menschen stehen und warten, das Leben bringt und geht, der Tod kommt und nimmt.

Aus den USA

500
Die billigste Pension ist der Friedhof.

Quellenangaben

1–60 Lutherbibel, revidierte Fassung von 1984, durchgesehene Ausgabe in neuer Rechtschreibung, © 1999 Deutsche Bibelgesellschaft, Stuttgart.
61 Anaximandros von Milet (611–549), Herman Diels, Die Fragmente der Vorsokratiker, Hamburg 1957, 14
62 Empedokles aus Agrigent (482–423), Herman Diels, Die Fragmente der Vorsokratiker, Hamburg 1957, 59
63 Heraklit (540–480)
65 Platon (427–347), Phaidon, IX,64A, Sämtliche Werke 3, Reinbek 1958, 17
66 Platon, Apologie, 40d, Sämtliche Werke 1, Reinbek 1959, 30
67 Platon, Apologie, 42, Sämtliche Werke 1, Reinbek 1959, 31
68 Epikur (341–270), Philosophie der Freude. Eine Auswahl aus seinen Schriften, Stuttgart 1965, 39
69 Cicero (106–43), Gespräche im Tusculum 1,92, München 1951, 93
70 Cicero, Gespräche im Tusculum 1,92, München 1951, 93
71 Seneca (4 v.Chr.–65 n.Chr.), Vom glückseligen Leben. Auswahl aus seinen Schriften, Stuttgart 1956, 56
72 Seneca, Von der Gemütsruhe, Stuttgart 1956, 76
73 Seneca, Über die Kürze des Lebens, Stuttgart 1956, 97
74 Seneca, Über die Kürze des Lebens, Stuttgart 1956, 100
75 Seneca, Über die Kürze des Lebens, Stuttgart 1956, 116
76 Seneca, Über den Wert der Zeit, Stuttgart 1956, 190
77 Seneca, Über die Trauer, Stuttgart 1956, 228
78 Seneca, Über die Kürze des Lebens, Stuttgart 1956, 255
79 Epiktetos (50–138), Unterredungen Epiktets I,22, Handbüchlein der Moral, Leipzig 1909, 67
80 Marc Aurel (121–180), 6. Buch der Selbstbetrachtungen 27, Stuttgart 1963, 74
81 Marc Aurel, 7. Buch der Selbstbetrachtungen, 56, Stuttgart 1963, 97
82 Diogenes Laertios (3. Jahrhundert n.Chr.
83 Immanuel Kant (1724–1804), Träume eines Geistersehers, 1766, Kants Werke, Akademie Ausgabe, Bd. II, Berlin 1968, 373
84 Gotthold Ephraim Lessing (1729–1781), Antigoeze, Lessings Werke, 3. Bd., Frankfurt 1967, 467
85 Wilhelm von Humboldt (1767–1835), Briefe an eine Freundin am 4. 6. 1832, Briefe von Wilhelm Humboldt an eine Freundin, II. Teil, Leipzig 1848, 167
86 Wilhelm von Humboldt, Briefe an eine Freundin am 2. 8. 1833, Briefe von Wilhelm Humboldt an eine

Freundin, II. Teil, Leipzig 1848, 224
87 Arthur Schopenhauer (1788–1860), Aphorismen zur Lebensweisheit, 49, Sämtliche Werke IV, Darmstadt 1974, 561
88 Arthur Schopenhauer, Psychologische Bemerkungen, 310, Sämtliche Werke V, Darmstadt 1974, 686
89 Arthur Schopenhauer, Adversaria Nr. 101, Der handschriftliche Nachlass. Berliner Manuskripte 1818–1830, Frankfurt 1970, 523
90 Arthur Schopenhauer, Paränesen und Maximen. Sämtliche Werke, 1. Bd. Wiesbaden 1946, 472, Anm. 4
91 Sören Kierkegaard (1813–1855), Vier Erbauliche Reden, Gesammelte Werke, 13. und 14. Abteilung, Düsseldorf 1952, 11
92 Vers des dänischen Liederdichters Hans Adolph Brorson (1694–1764). Eduard Geismar, Sören Kierkegaard. Seine Lebensentwicklung und seine Wirksamkeit als Schriftsteller, Göttingen 1929, 636
93 Sören Kierkegaard, Der Liebe Tun, eines Verstorbenen zu gedenken, Gesammelte Werke, 19. Abteilung, Düsseldorf 1966, 378
94 Karl Marx (1818–1883), Rheinische Zeitung vom 12. 5. 1842, Marx-Engels-Gesamtausgabe (MEGA), 1. Abteilung Bd. 1, Berlin 1975, 151
95 Karl Marx, Ökonomisch-philosophische Manuskripte, 1844, Marx-Engels-Gesamtausgabe (MEGA), 1. Abteilung Bd. 1, Berlin 1982, 268
96 Samuel Smiles (1812–1904), Der Einfluss des Charakters, Stuttgart 1910, 14
97 Samuel Smiles, Gesellschaft und Beispiel, Der Einfluss des Charakters, Stuttgart 1910, 58
98 Nikolaj Alexandrowitsch Berdjajew (1874–1948), Existentielle Dialektik des Göttlichen und Menschlichen, Verlag C.H. Beck, München 1951, 70
99 Nikolaj Alexandrowitsch Berdjajew, Existentielle Dialektik des Göttlichen und Menschlichen, Verlag C.H. Beck, München 1951, 94
100 Oswald Spengler (1880–1936), Urfragen, Verlag C.H. Beck, München 1965, 148
101 Oswald Spengler, Der Untergang des Abendlandes, Bd. II, Verlag C.H. Beck, München 1950, 417
102 Ludwig Wittgenstein (1889–1951), Tagebücher 8. 7. 1916, Schriften I, Frankfurt 1961, 166ff.. Aus: Schriften, Bd. 1, © Suhrkamp Verlag 1989
103 Martin Heidegger (1889–1976), Sein und Zeit, § 49, Gesamtausgabe 1. Abteilung Bd. 2, Frankfurt 1977, 326, © für „Sein und Zeit" beim Max Niemeyer Verlag Tübingen, 18. Auflage 2001
104 Karl Jaspers (1883–1969), Vom Ursprung und Ziel der Geschichte, München, Piper, 1949, 72
105 Karl Jaspers, Kleine Schule des philosophischen Denkens, München 1965, 152, © Piper Verlag GmbH, München 1974
106 Theodor W. Adorno (1903–1969), Minima Moralia, Frankfurt 1951, 255
107 Ortega y Gasset (1883–1955),

Die Aufgabe unserer Zeit, 1923, Gesammelte Werke, Bd. II, Stuttgart 1978, 118. José Ortega y Gasset: Gesammelte Werke, Bd. II, © 1978 Deutsche Verlags-Anstalt Stuttgart

108 Hans Richtscheid (1907–1992), Gespräche mit Sokrates, Verlag C.H. Beck, München 1967, 232

109 Emile Michel Cioran (1911–1983), Syllogismus der Bitterkeit, Frankfurt 1983, 43

110 Hans Blumenberg (1920–1996), Goethe zum Beispiel, © Insel Verlag Frankfurt 1999, 70

111 Hans Blumenberg, Goethe zum Beispiel, © Insel Verlag Frankfurt 1999, 70

112 Ende des zweiten und dritten Artikels des apostolischen Glaubensbekenntnisses, Mitte des 2. Jahrhunderts)

113 Ende des Glaubensbekenntnisses von Nizäa-Konstantinopel (325 n.Chr.)

114 Eusebius Hieronymus (347/48–420), Brief an Heliodor, Bibliothek der Kirchenväter, 2. Reihe, Bd. XVIII, Des Heiligen Kirchenvaters Eusebius Hieronymus ausgewählte Schriften aus dem Lateinischen übersetzt, III. Bd., II. Briefband, München 1937, 38

115 Eusebius Hieronymus, Brief an Heliodor, München 1937, 47

116 Eusebius Hieronymus, Brief an Heliodor, München 1937, 49

117 Aurelus Augustinus (354–430), Confessiones, Frankfurt 1987, 13

118 Anselm von Canterbury (1033/34–1109), Meditationes VII

120 EG = Evangelisches Gesangbuch, GL = Gotteslob. Salzburg 1456 nach der Antiphon „Media vita in morte sumus" (11. Jahrhundert), die Strophen 2–3 hat Martin Luther ergänzt.

121 Bayern, Österreich 12.–15. Jahrhundert

122 Heinrich Seuse (1295/97–1366), Deutsche Schriften, Leipzig 1924, 261

123 Johann Geiler von Kaisersberg (1445–1510), Postille

124 Martin Luther (1483–1546), Ein Sermon von der Bereitung zum Sterben, 1519, Ausgewählte Schriften hg. von Karin Bornkamm und Gerhard Ebeling, Frankfurt 1982, II, 16

125 Martin Luther, Predigt über Lukas 1,39ff. aus dem Jahr 1523, WA 12,609ff. WA ist die Abkürzung der Gesamtausgabe von Luthers Werken, die *Weimarana*.

126 Martin Luther, Psalmenvorlesung 1519–1521. WA 5,646,24

127 Martin Luther, Invokavitpredigt 9. März. 1522, WA 10,III,1

128 Martin Luther, WA* Tischreden V,5493

129 Die letzte Reise. Sterben, Tod und Trauersitten in Oberbayern, hg. von Sigrid Metken, München 1984, 71

130 Michel Eyquem de Montaigne (1533–1592), Eine Auswahl aus seinen Schriften. Zwischen Zeugnis und Zweifel, Gütersloh 1948, 326

131 Michel Eyquem de Montaigne, Eine Auswahl aus seinen Schriften. Zwischen Zeugnis und Zweifel, Gütersloh 1948, 326

132 Michel Eyquem de Montai-

gne, Eine Auswahl aus seinen Schriften. Zwischen Zeugnis und Zweifel, Gütersloh 1948, 334
133 Nikolaus Selneker (1530–1592), EG 157
134 Melchior Vulpius (um 1570–1615), EG 516,1-7
135 Heinrich Albert (1604–1651), EG 445,4-7
136 Alte Madrigale, Wolfenbüttel, Neuauflage Oktober 1948
137 Paul Gerhardt (1607–1676), EG 361,1.7–8,12
138 Paul Gerhardt, O Haupt voll Blut und Wunden, 1656
139 Johannes Heermann (1585–1647), EG 175
140 Book of Common Prayer, Burial of Dead, London 1854
141 Book of Common Prayer, Burial of Dead, London 1854
142 Des Knaben Wunderhorn, Erntelied, 1. Vers, Frankfurt 1974, 63
143 Ämelie Juliane von Schwarzburg-Rudolstadt (1637–1706), EG 530,1
144 Johann Rosenmüller (um 1620–1684), 1652, EG von 1950, 329,1
145 Philipp Friedrich Hiller (1699–1769), Die Liebe darf wohl weinen, Geistliches Liederkästlein zum Lob Gottes mit zweimal 366 Liedern nach biblischen Sprüchen, Metzingen 1986, 286
146 Reinhold Niebuhr (1892–1971)
147 Matthias Claudius (1740–1815), Sämtliche Werke, Gedichte. Prosa. Briefe in Auswahl, Berlin u.a. 1958, 245
148 Matthias Claudius, Bei ihrem Grabe, 4. Strophe, Sämtliche Werke, Gedichte. Prosa. Briefe in Auswahl, Berlin u.a. 1958, 831
149 Matthias Claudius, Motet, Sämtliche Werke, Gedichte. Prosa. Briefe in Auswahl, Berlin u.a. 1958, 183
150 Matthias Claudius, Der Tod, Sämtliche Werke, Gedichte. Prosa. Briefe in Auswahl, Berlin u.a. 1958, 435
151 Matthias Claudius, Die Liebe, Sämtliche Werke, Gedichte. Prosa. Briefe in Auswahl, Berlin u.a. 1958, 435
152 Matthias Claudius, Sämtliche Werke, Gedichte. Prosa. Briefe in Auswahl, Berlin u.a. 1958, 412
153 Matthias Claudius, Brief an Andreas, Sämtliche Werke, Gedichte. Prosa. Briefe in Auswahl, Berlin u.a. 1958, 441
154 Johann Friedrich Räder (1815–1872), EG 593
155 Christoph Blumhardt (1842–1919), Ansprache im Neumünster-Asyl in Zürich, 1. September 1886, Eine Auswahl aus seinen Schriften. Leipzig 1937, I,278
156 Henry Scott Holland (1847–1918), übersetzt von Jürgen Bartholdi, Quelle: Internet, Bremen 2004
157 Georg Christian Dieffenbach (1822–1901), Abendgebet, Evangelische Haus-Agende, Mainz 1853, 656
158 Charles Henry Brent (1892–1929), übersetzt von Jürgen Bartholdi
159 Jochen Klepper (1903–1942), EG 64,1-6; GL 157,1-6, aus: Ders., Ziel der Zeit – Die gesammelten Gedichte, Luther-Verlag Bielefeld, 7. Auflage 2003
160 Jochen Klepper, EG 16,5; GL 111,5, Die Nacht ist vorgedrungen, aus: Ders., Ziel der Zeit – Die gesammelten Ge-

dichte, Luther-Verlag Bielefeld, 7. Auflage 2003
161 Jochen Klepper, Himmelfahrtslied, 4. Strophe, Kyrie. Geistliche Lieder, Berlin 1941, 52f., aus: Ders., Ziel der Zeit – Die gesammelten Gedichte, Luther-Verlag Bielefeld, 7. Auflage 2003
162 Jochen Klepper, Reformationslied, 4. und 6. Strophe, Ziel der Zeit. Die geistlichen Gedichte, Berlin 1962, 80f., aus: Ders., Ziel der Zeit – Die gesammelten Gedichte, Luther-Verlag Bielefeld, 7. Auflage 2003
163 Dietrich Bonhoeffer (1906–1945), Christen und Heiden, Dietrich Bonhoeffer, Werke 8, Gütersloh 1998, 515, © Chr. Kaiser/Gütersloher Verlagshaus GmbH, Gütersloh
164 Dietrich Bonhoeffer, Brief an Renate und Eberhard Bethge, Heiligabend 1943, Werke 8, Gütersloh 1998, 255f., © Chr. Kaiser/Gütersloher Verlagshaus GmbH, Gütersloh
165 Dietrich Bonhoeffer, Brief an Renate und Eberhard Bethge, Heiligabend 1943, Werke 8, Gütersloh 1998, 255f., © Chr. Kaiser/Gütersloher Verlagshaus GmbH, Gütersloh
166 Dietrich Bonhoeffer, Auszug aus Morgengebet, Werke 8, Gütersloh 1998, 204f., © Chr. Kaiser/Gütersloher Verlagshaus GmbH, Gütersloh
167 Dietrich Bonhoeffer, EG 65,1-7; GL 954,1-7, Werke 8, Gütersloh 1998, 607f., © Chr. Kaiser/Gütersloher Verlagshaus GmbH, Gütersloh
168 Dietrich Bonhoeffer, Gemeinsames Leben, Werke 7, Gütersloh 1994, 84, © Chr. Kaiser/Gütersloher Verlagshaus GmbH, Gütersloh
169 Dietrich Bonhoeffer, Gemeinsames Leben, Werke 7, Gütersloh 1994, 359, © Chr. Kaiser/Gütersloher Verlagshaus GmbH, Gütersloh
170 Dietrich Bonhoeffer, Brief an Eberhard Bethge 1944, Werke 8, Gütersloh 1998, 569, © Chr. Kaiser/Gütersloher Verlagshaus GmbH, Gütersloh
171 Helmut James Graf von Moltke (1907–1945), Letzte Briefe aus dem Gefängnis Tegel, Berlin 1951, 60. Helmut James Graf von Moltke, Letzte Briefe, © 1994 Diogenes Verlag AG Zürich
172 Justus Delbrück (1902–1945), Du hast mich heimgesucht bei Nacht, München 1954, 151f., © Chr. Kaiser/Gütersloher Verlagshaus GmbH, Gütersloh
173 Die kirchliche Bestattung. Arbeitshilfe, hg. vom Rat der Evangelischen Kirche der Union, 3. unveränderte Auflage, Berlin 1993, © Evangelische Haupt-Bibelgesellschaft Berlin, Luther-Verlag Bielefeld, 112
174 Heinrich Vogel (1902–1989), Karfreitagpredigt 1948, Die Freude an der Wahrheit. Ges. Werke Bd. 10, 216, © by Radius-Verlag, Alexanderstr. 162, 70180 Stuttgart
175 Roland de Pury (1907–1979), Die Gegenwart der Ewigkeit, München 1958, 65
176 Romano Guardini (1885–1968), Die letzten Dinge, Würzburg 1949, 41. Alle Autorenrechte liegen bei der Katholischen Akademie in Bayern. Romano Guardini, Die letzten Dinge. Die

Quellenangaben

christliche Lehre vom Tode, der Läuterung nach dem Tode, Auferstehung, Gericht und Ewigkeit, 5. Taschenbuchauflage 2003, Matthias-Grünewald-Verlag, Mainz

177 Romano Guardini, Die letzten Dinge, Würzburg 1949, 25. Alle Autorenrechte liegen bei der Katholischen Akademie in Bayern. Romano Guardini, Die letzten Dinge. Die christliche Lehre vom Tode, der Läuterung nach dem Tode, Auferstehung, Gericht und Ewigkeit, 5. Taschenbuchauflage 2003, Matthias-Grünewald-Verlag, Mainz

178 Arno Pötzsch (1900–1956), Sagt, dass die Liebe allen Jammer heilt, 154, © Edition Anker im christlichen Verlagshaus Stuttgart 2000

179 Arno Pötzsch, EG 533, © Rechtsnachfolger des Urhebers (verwaltet durch den Verlag Junge Gemeinde, Leinfelden-Echterdingen)

180 Paul Tillich (1886–1965), Das Ewige im Jetzt, Religiöse Reden III, Stuttgart 1964, 28

181 Margaret Fishback Powers, Spuren im Sand, 1964, © 1964 Margaret Fishback Powers, Copyright der deutschen Übersetzung 1996, Brunnen Verlag Gießen

182 Die kirchliche Bestattung. Arbeitshilfe, hg. vom Rat der Evangelischen Kirche der Union, 3. unveränderte Auflage, Berlin 1993, 95, © Evangelische Haupt-Bibelgesellschaft Berlin, Luther-Verlag Bielefeld

183 Ernst Lange (1927–1974), Predigtstudien für das Kirchenjahr, Stuttgart u.a. 1974, 25f.

184 Huub Oosterhuis (geb. 1933), Lied vom Menschen auf Erden. Im Vorübergehen, Freiburg u.a. 1970, 212f., aus: Huub Oosterhuis, Im Vorübergehen, © Verlag Herder, Freiburg im Breisgau, 2. Auflage 1971

185 Carl Heinz Ratschow (1911–1999), Erwarten wir noch etwas jenseits des Todes?, Von der Gestaltwerdung des Menschen, Berlin u.a., 324, de Gruyter 1987

186 Lothar Zenetti, EG 382,1-3; GL 621,1-3, Rechte: Gooi & Sticht, für deutschsprachigen Raum: Christophorus-Verlag, Freiburg

187 Lothar Zenetti, Verheißung, Auf seiner Spur. Texte gläubiger Zuversicht, Mainz 2000, 162, aus: Lothar Zenetti, Auf Seiner Spur. Texte gläubiger Zuversicht (ToposPlus 327), © Matthias-Grünewald-Verlag, Mainz, 3. Auflage 2002

188 Lothar Zenetti, Das Siebenerlied, Auf seiner Spur. Texte gläubiger Zuversicht, Mainz 2000, 14, aus: Lothar Zenetti, Auf Seiner Spur. Texte gläubiger Zuversicht (ToposPlus 327), © Matthias-Grünewald-Verlag, Mainz, 3. Auflage 2002

189 Lothar Zenetti, EG 552, Anhang: Hessen-Nassau, Rechte beim Autor

190 Lothar Zenetti, Lied vom Tod und Leben, Auf seiner Spur. Texte gläubiger Zuversicht, Mainz 2000, 193, aus: Lothar Zenetti, Auf Seiner Spur. Texte gläubiger Zuversicht (ToposPlus 327), © Matthias-Grünewald-Verlag, Mainz, 3. Auflage 2002

191 Martin Luther King (1929–

1968), Ein Traum lebt weiter, Gütersloh 1986, 111, © Chr. Kaiser/Gütersloher Verlagshaus GmbH, Gütersloh

192 Friedrich Karl Barth (geb. 1938), Gottesdienst menschlich, Wuppertal 1990, 83, aus: F. K. Barth/G. Grenz/P. Horst (Hg.), Gottesdienst menschlich, Peter Hammer Verlag Wuppertal, Gesamtausgabe 1990

193 Eberhard Jüngel (geb. 1934), Tod, Stuttgart u.a. 1971, 171

194 Helmut Gollwitzer (1908–1993), Krummes Holz – aufrechter Gang, München 1970, 382, © Chr. Kaiser/Gütersloher Verlagshaus GmbH, Gütersloh

195 Gerhard Ebeling (1912–2001), Dogmatik des christlichen Glaubens II, Tübingen, 1979, 323

196 Uwe Seidel, Die Liebe ist stärker als der Tod, aus: Hanns Dieter Hüsch/Uwe Seidel, Ich stehe unter Gottes Schutz, 122, 2003/7, © tvd-Verlag Düsseldorf, 1996

197 Reinhild Traitler (geb. 1940), Manchmal, in den gärten der freiheit, Zürich 1990, 55

198 Dorothee Sölle (1929–2003), Zivil und ungehorsam. Gedichte, Berlin 1990, 136, © Wolfgang Fietkau Verlag

199 Freidank (unbekannter mittelhochdeutscher Dichter), Bescheidenheit, 196a,7 (um 1229), Fridangi discrecio. Freidanks Bescheidenheit, Lateinisch und deutsch aus Stettiner Handschrift (1434), veröffentlicht von Hugo Lemcke, Stettin 1868

200 Andreas Gryphius (1616–1664), Gesamtausgabe der deutschsprachigen Werke II, Tübingen 1964, 182f.

201 Paul Fleming (1609–1640), Über eine Leiche, Deutsche Gedichte, Bd. 1, Darmstadt 1965, 39

202 Friedrich von Logau (1604–1655), Der Mensch, Sinngedichte, II,1 (86), hg. von Gustav Eitner, Hildesheim u.a. 1974, 244

203 Friedrich von Logau, Leben und Tod, Sinngedichte, Zugabe (104), Hildesheim u.a. 1974, 650

204 Christian Fürchtegott Gellert (1715–1769), Vom Tode, Gesammelte Schriften II. Gedichte, Geistliche Oden und Lieder, Berlin u.a. 1997, 158f.

205 Christian Fürchtegott Gellert, Betrachtung des Todes, Gesammelte Schriften II, Gedichte, Geistliche Oden und Lieder, Berlin u.a. 1997, 184f.

206 Novalis, Dichtername des Freiherrn Friedrich von Hardenberg (1772–1801), Gedichtanfang Sehnsucht nach dem Tode, Novalis Schriften. Werke Freiherr von Hardenbergs I, Stuttgart 1960, 154f.

207 Friedrich Hölderlin (1770–1843), Gedichtanfang Patmos, Sämtliche Werke I, München 1970, 379

208 Friedrich Schiller (1759–1805), Spruch des Confuzius, Schillers Werke, Nationalausgabe, 2. Bd., Weimar 1983, 412

209 Friedrich Schiller, Maria Stuart 3.6, Schillers Werke, Nationalausgabe, 9. Bd., Weimar 1948, 97

210 Friedrich Schiller, Die Braut von Messina, Schillers Werke, Nationalausgabe, 10. Bd., Weimar 1980, 28

211 Friedrich Schiller, Die Braut von Messina, Schillers Werke, Nationalausgabe, 10. Bd., Weimar 1980, 105
212 Friedrich Schiller, Kassandra, Schillers Werke, Nationalausgabe, 2. Bd., Weimar 1983, 256
213 Friedrich Schiller (1759–1805), Wilhelm Tell IV,3, Schillers Werke, Nationalausgabe, 10. Bd., Weimar 1980, 225
214 Jean Paul Friedrich Richter (1763–1825), Hesperus XX, Sämtliche Werke, 1. Abteilung Bd. 3, Weimar 1929, 306
215 Jean Paul Friedrich Richter, Der Pfeil des Todes, Sämtliche Werke, I. Abteilung Bd. 13, Weimar 1935, 340
216 Jean Paul Friedrich Richter, Erinnerung, Sämtliche Werke, I. Abteilung Bd. 18, Weimar 1963, 149
217 Johann Wolfgang von Goethe (1749–1832), Egmont, 3. Akt, Sämtliche Werke, I. Abteilung Bd. 5, Dramen, Frankfurt 1988, 504
218 Johann Wolfgang von Goethe, Das Göttliche bzw. Edel sei der Mensch, 6. Strophe, Sämtliche Werke, I. Abteilung Bd. 2, Gedichte, Frankfurt 1988, 303
219 Johann Wolfgang von Goethe, Vollendung bzw. Selige Sehnsucht, 5. Strophe, Sämtliche Werke, I. Abteilung Bd. 3/1. West-Östlicher Divan, Frankfurt 1994, 563
220 Johann Peter Eckermann, Gespräche mit Goethe am 2. Mai 1824, Sämtliche Werke, Bd. 12 (39), Frankfurt 1999, 115
221 Johann Peter Eckermann, Gespräche mit Goethe am 15. Februar 1830, Sämtliche Werke, Bd. 12 (39), Frankfurt 1999, 698
222 Johann Wolfgang von Goethe, Faust, Vorspiel auf dem Theater, Sämtliche Werke, Bd. 7/1. Dramen, Frankfurt 1994, 16
223 Conrad Ferdinand Meyer (1825–1898), Anfang des Gedichtes Chor der Toten, Sämtliche Werke, Historisch-kritische Ausgabe, Bd. I, Bern 1963, 355
224 Ludwig Börne, eigentlich Löb Baruch (1786–1837), Jugendschriften. Aphorismen (119), Sämtliche Werke I, Stuttgart 1964, 159
225 Ludwig Börne, Jugendschriften. Aphorismen (156), Sämtliche Werke I, Stuttgart 1964, 162
226 Ludwig Börne, Ankündigung der Zeitschwingen, Sämtliche Schriften I, Düsseldorf 1964, 780
227 Ludwig Börne, Nouvelles lettres proprovincalis, Sämtliche Schriften II, Düsseldorf 1964, 409
228 Ludwig Börne, Denkrede auf Jean Paul, Werke in zwei Bänden I, Berlin u.a. 1981, 791
229 Ludwig Börne, Fragmente und Aphorismen 272, Sämtliche Schriften II, Düsseldorf 1964, 325
230 Ludwig Uhland (1787–1859), Auf den Tod eines Kindes, Werke I. Sämtliche Gedichte, München 1980, 512
231 Joseph von Eichendorff (1788–1857), Mondnacht, Sämtliche Werke des Freiherrn Joseph von Eichendorff, Historisch-kritische Ausgabe, Bd. I/1, Stuttgart u.a. 1993, 327f.

232 Joseph von Eichendorff, Der Umkehrende, Sämtliche Werke des Freiherrn Joseph von Eichendorff, Historisch-kritische Ausgabe, Bd. I/1, Stuttgart u.a. 1993, 312ff.

233 Joseph von Eichendorff, Spruch, Sämtliche Gedichte und Versepen, Leipzig 2001, 335

234 Friedrich Rückert (1788–1866), Kindertotenlieder, Werke, 1. Bd., Frankfurt 1993, 171

235 Friedrich Rückert, Die Weisheit der Brahmanen, Buch VI, 53, Werke, 1. Bd., Göttingen 1998, 268

236 Friedrich Rückert, Kindertotenlieder, Werke, 1. Bd., Frankfurt 1993, 60f.

237 Friedrich Hebbel (1813–1863), Requiem, Sämtliche Werke, Historisch-kritische Ausgabe, I-II, Bern 1970, 149

238 Emanuel Geibel (1815–1884), Gedichtanfang Cita mors ruit, Werke 1. Bd., Leipzig u.a. 1921, 83

239 Adalbert Stifter (1805–1868), An Gustav Pechwill am 3. Februar 1853, Sämtliche Werke, XVIII, Bd. 2, Hildesheim 1972, 148

240 Adalbert Stifter, An Gustav Heckenast am 18. Februar 1856, Sämtliche Werke, XVIII, Bd. 2, Hildesheim 1972, 311

241 Theodor Storm (1817–1888), Wie wenn das Leben nichts andres, Sämtliche Werke l, Berlin 1986, 285

242 Theodor Storm, Zur Chronik von Grieshuus, Werke II, München 1951, 379

243 Theodor Storm, Der Schimmelreiter, Sämtliche Werke, München 1951, 741

244 Eduard Mörike (1804–1875), Leben und Tod, Gedichte in einem Band, Frankfurt 2001, 311

245 Fritz Reuter (1810–1874), Sämtliche Werke, Bd. 14, Nachgelassene Schriften, Wismar 1897, 43

246 Wilhelm Raabe (1831–1910), Stille der Natur, Sämtliche Werke, XX, Göttingen 1968, 388f.

247 Marie von Ebner-Eschenbach (1830–1916), Aphorismen, Gesammelte Werke, Bd. 9, München 1960, 75

248 Hugo von Hofmannsthal (1874–1929), Der Tor und der Tod, Gesammelte Werke in 10 Bänden, Gedichte und Dramen I, Frankfurt 1979, 296f.

249 Hugo von Hofmannsthal, Der weiße Fächer, Gesammelte Werke in 10 Bänden, Gedichte und Dramen I, Frankfurt 1979, 468

250 Hugo von Hofmannsthal, Briefwechsel mit Carl. J. Burckhardt, am 16. Januar 1926, Frankfurt 1956, 192

251 Ludwig Jacobowski (1868–1900), Leuchtende Tage, Gesammelte Werke in einem Band, Oldenburg 2000, 689

252 Theodor Fontane (1819–1898), Ausgang, Sämtliche Werke I/I, Stuttgart 1993, 313f.

253 Rainer Maria Rilke (1875–1926), Schlussstück, Das Buch der Bilder, Werke I, Darmstadt 1996, 347

254 Rainer Maria Rilke, Herbsttag, Das Buch der Bilder, Werke I, Darmstadt 1996, 281

255 Rainer Maria Rilke, Herbst, Das Buch der Bilder, Darmstadt 1996, 282f.

256 Rainer Maria Rilke, Das

Buch von der Armut und vom Tode. Das Stundenbuch, Werke I, Darmstadt 1996, 236
257 Rainer Maria Rilke, Das Buch von der Armut und vom Tode. Das Stundenbuch, Werke I, Darmstadt 1996, 236
258 Rainer Maria Rilke, Das Buch von der Armut und vom Tod. Das Stundenbuch, Werke I, Darmstadt 1996, 237f.
259 Rainer Maria Rilke, Briefe an einen jungen Dichter, Werke III, Darmstadt 1996, 458f.
260 Rainer Maria Rilke, Mir zur Feier, Werke I, Darmstadt 1996, 64
261 Rainer Maria Rilke, Die weiße Fürstin, Werke I, Darmstadt 1996, 133
262 Rainer Maria Rilke, Die Aufzeichnungen des Malte Laurids Brigge, Werke III, Darmstadt 1996, 458f.
263 Lulu von Strauß und Torney (1873–1956), Totenlieder, Balladen und Lieder, Berlin 1905, 108ff.
264 Thomas Mann (1875–1955), Der Zauberberg II, 6, Frankfurt u.a. 1967, 523. Thomas Mann, Der Zauberberg, © S. Fischer Verlag, Berlin 1924
265 Richard Schaukal (1874–1942), Gedanken, München 1931, 176, Richard von Schaukal, Kindheit und Jugend, © by Langen Müller Verlag in der F.A. Herbig Verlagsbuchhandlung GmbH, München
266 Ina Seidel (1885–1974), Versäumnis, Gedichte, Berlin 1914, 6, Ina Seidel, Gedichte, © 1955 Deutsche Verlags-Anstalt GmbH, Stuttgart
267 Kurt Tucholsky (1890–1935), Schloß Gripsholm, Gesammelte Werke Bd. 9, Reinbek 1996, 75, © 1960 by Rowohlt Verlag GmbH, Reinbek bei Hamburg
268 Hermann Hesse (1877–1962), Stufen, Sämtliche Werke, Bd. 10, Die Gedichte, © Suhrkamp Verlag 2002, 366
269 Hermann Hesse, Auf den Tod eines kleinen Kindes, Sämtliche Werke, Bd. 10, Die Gedichte, © Suhrkamp Verlag 2002, 312f.
270 Gerhart Hauptmann, Sämtliche Werke, © 1996 Propyläen Verlag in der Ullstein Buchverlage GmbH, Berlin
271 Gerhart Hauptmann, Sämtliche Werke, © 1996 Propyläen Verlag in der Ullstein Buchverlage GmbH, Berlin
272 Gerhart Hauptmann, Sämtliche Werke, © 1996 Propyläen Verlag in der Ullstein Buchverlage GmbH, Berlin
273 Max Rychner (1897–1965), Zeitgenössische Literatur, Manesse Verlag Zürich 1947, 351
274 Franz Werfel (1890–1945), Theologumena, 12, Gesammelte Werke in Einzelbänden, Prosa, Reden, Aphorismen, Frankfurt 1975, 189, Franz Werfel, Leben heisst, sich mitteilen. Betrachtungen. Reden. Aphorismen (Theologumena 12 und 45), © 1975 bei Albert Langen-Georg Müller Verlag GmbH, München/Wien. Alle Rechte vorbehalten S. Fischer Verlag GmbH, Frankfurt am Main
275 Franz Werfel, Theologumena, 45, Gesammelte Werke in Einzelbänden, Prosa,

Reden, Aphorismen, Frankfurt 1975, 259, Franz Werfel, Leben heisst, sich mitteilen. Betrachtungen. Reden. Aphorismen (Theologumena 12 und 45), © 1975 bei Albert Langen-Georg Müller Verlag GmbH, München/Wien, alle Rechte vorbehalten S. Fischer Verlag GmbH, Frankfurt am Main

276 Franz Werfel, Unsterblichkeit, aus: ders., Das Lyrische Werk, hrsg. von Adolf D. Klarmann, © S. Fischer Verlag GmbH, Frankfurt am Main 1967, 150

277 Franz Werfel, Kleines Requiem, aus: ders., Das Lyrische Werk, hrsg. von Adolf D. Klarmann, © S. Fischer Verlag GmbH, Frankfurt am Main 1967, 410f.

278 Ilse Aichinger (geb. 1921), Der Gefesselte, Frankfurt 1958, © S. Fischer Verlag GmbH, Frankfurt am Main

279 Hans Arndt (geb. 1911), Im Visier, Aphorismen, München 1959, 25

280 Hans Arndt, Im Visier. Aphorismen, München 1959, 48

281 Ludwig Strauss (1892–1953), Ein Buch in Sätzen, Dichtung und Schriften, München 1963, 787

282 Ludwig Strauss, Ein Buch in Sätzen, Dichtung und Schriften, München 1963, 785

283 Ludwig Strauss, Ein Buch in Sätzen, Dichtung und Schriften, München 1963, 785

284 Ludwig Strauss, Ein Buch in Sätzen, Dichtung und Schriften, München 1963, 786

285 Ludwig Strauss, Ein Buch in Sätzen, Dichtung und Schriften, München 1963, 786

286 Ludwig Strauss, Ein Buch in Sätzen, Dichtung und Schriften, München 1963, 787

287 Paul Celan, eigentlich Paul Antschel (1920–1970), In memoriam Paul Eluard, Gedichte, Frankfurt 2003, 82f., Paul Celan, Von Schwelle zu Schwelle, © 1955 Deutsche Verlags-Anstalt GmbH, Stuttgart

288 Ingeborg Bachmann (1926–1973), Die Lieder auf der Flucht, Gesammelte Werke Bd. I, 147, © Piper Verlag GmbH, München 1978

289 Reinhold Schneider (1903–1958), Erfüllte Einsamkeit, Freiburg u.a. 1963, 213

290 Friedrich Dürrenmatt (1921–1990), Gespräch mit einem verachteten Menschen, Werkausgabe in 30 Bänden, Bd. 17, Zürich 1980, 25, Friedrich Dürrenmatt, Das Gesamtwerk, © Diogenes Verlag AG Zürich

291 Ernst Jünger (1895–1998), Auszug aus dem Tagebucheintrag vom 2. Dezember 1948, in: Die Hütte im Weinberg (Jahre der Okkupation), Sämtliche Werke, Bd. 3, Strahlungen II, Stuttgart, Klett-Cotta, 1979, 659

292 Ernst Jünger, Zwei Besuche. In memoriam Jean Schlumberger, in: Sämtliche Werke, Ad Hoc, Bd. 14, Stuttgart, Klett-Cotta, 1978, 93

293 Ernst Jünger, Sgraffiti, Sämtliche Werke, Das Abenteuerliche Herz, Bd. 9, Stuttgart, Klett-Cotta, 1979, 366

294 Ernst Jünger, Sgraffiti, Sämtliche Werke, Das Abenteuer-

Quellenangaben

liche Herz, Bd. 9, Stuttgart, Klett-Cotta 1979, 345
295 Hilde Domin (geb. 1912), Ziehende Landschaft. Nur eine Rose als Stütze, Frankfurt 1962, 9, aus: dies., Gesammelte Gedichte, © S. Fischer Verlag GmbH, Frankfurt am Main 1987
296 Hilde Domin, Tunnel (dem Andenken Virginia Woolfs), Frankfurt 1964, 57, aus: dies., Gesammelte Gedichte, © S. Fischer Verlag GmbH, Frankfurt am Main 1987
297 Gustav Radbruch (1878–1949), Aphorismen zur Rechtswahrheit, Göttingen 1963, 94
298 Marie Luise Kaschnitz (1901–1974), Gesammelte Werke, Bd. 5, © Insel Verlag Frankfurt 1985, 516f
299 Marie Luise Kaschnitz, Auferstehung, Dein Schweigen – meine Stimme, Gesammelte Werke V, Frankfurt 1985, 306, Marie Luise Kaschnitz, Überallnie. Ausgewählte Gedichte 1928–1965, © Claassen Verlag in der Ullstein Buchverlage GmbH, Berlin
300 Marie Luise Kaschnitz, Die Ewigkeit, Gesammelte Werke V, Frankfurt 1985, 102, Marie Luise Kaschnitz, Überallnie. Ausgewählte Gedichte 1928–1965, © Claassen Verlag in der Ullstein Buchverlage GmbH, Berlin
301 Marie Luise Kaschnitz, Ein Leben nach dem Tode, Gesammelte Werke, Bd. 5, © Insel Verlag Frankfurt 1985, 504
302 Max Frisch (1911–1991), Tagebuch 1946–49, Frankfurt, © Suhrkamp Verlag 1950, 28f.
303 Elias Canetti (1905–1994), Aufzeichnungen 1942–48, Düsseldorf 1965, 65, © 1965 Carl Hanser Verlag, München/Wien
304 Elias Canetti, Aufzeichnungen 1942–48, Düsseldorf 1965, 73, © 1965 Carl Hanser Verlag, München/Wien
305 Elias Canetti, Aufzeichnungen 1942–48, Düsseldorf 1965, 120, © 1965 Carl Hanser Verlag, München/Wien
306 Eva Zeller (geb. 1923), Golgatha. Sage und schreibe, 55, © 1971 Deutsche Verlags-Anstalt GmbH Stuttgart
307 Carl Zuckmayer (1896–1977), Der Rattenfänger, Frankfurt 1997, 273, © S. Fischer Verlag GmbH, Frankfurt am Main 1975
308 Hans Salomon Sahl (1902–1993), Strophen, Das Exil im Exil, Frankfurt 1990, 220, © Hans Sahl, Memoiren eines Moralisten. Exil im Exil, erschienen 1994 im Luchterhand Literatur Verlag, München, einem Unternehmen der Verlagsgruppe Random House GmbH
309 Hans Kruppa (geb. 1952), Das Zauberbuch, Velbach 1987, 22
310 Erich Fried (1921–1988), Traurigsein, Das Nahe suchen, Gesammelte Werke II, Berlin 1993, 669, aus: Das Nahe suchen, © Verlag Klaus Wagenbach Berlin
311 Erich Fried, Ohne dich, Liebesgedichte, Gesammelte Werke II, Berlin 1993, 390, aus: Liebesgedichte, © 1979, NA 1995, Verlag Klaus Wagenbach Berlin
312 Heinz Piontek (1925–2003), Freies Geleit, 88, © 1978 Schneekluth Verlag GmbH, München
313 Reinhard Mey (geb. 1942),

"…alle meine Lieder …", Berlin 1985, 224f.
314 Rose Ausländer (1901–1988), Hoffnung, Gesammelte Werke, Bd. 5, Frankfurt 1984, 24. Rose Ausländer, Hoffnung II (Wer hofft/ist jung/…), aus: dies., Ich höre das Herz des Oleanders. Gedichte 1977–1979, © S. Fischer Verlag GmbH, Frankfurt am Main 1987
315 Kurt Marti (geb. 1921), Hie und da, Ungrund Liebe. Klagen Wunder Lieder, Stuttgart 1987, 38, mit Genehmigung des Radius-Verlages entnommen aus: Kurt Marti: Ungrund Liebe. Klagen, Wünsche, Lieder, © 2004 by Radius-Verlag, Alexanderstr. 162, 70180 Stuttgart
316 Kurt Marti, Namenszug mit Mond. Aus den Bänden: republikanische gedichte, gedichte am rand, alfabeete und cymbelklang, rosa loui, leichenreden, heil vetia, undereinisch, heimatkund, tagebuch, blondbuech, allersiebnisch, meergedichte alpengedichte, abendland, mein barfüßig lob, da geht dasein, © 1996 Nagel & Kimche im Carl Hanser Verlag, München/Wien
317 Kurt Marti, Leichenreden. Mit einem Vorwort von Peter Bichsel, © 2004 Nagel & Kimche im Carl Hanser Verlag, München/Wien
318 Ulrich Horstmann (geb. 1949), Hirnschlag, Aphorismen – Abtestate – Berseksamen, Göttingen 1984
319 Eva Strittmatter (geb. 1930), Schuld, aus: Die eine Rose überwältigt alles, Berlin 1978, 104, aus: Die eine Rose überwältigt alles. Gedichte, © Aufbau-Verlag Berlin und Weimar 1977
320 Marlene Hörmann (geb. 1938), Trost, Wolkenspiele, Gifhorn 1990, 35
321 Marlene Hörmann, Lebensfaden: Ein leises Lied, Norbert Kankol Verlag Wolfsburg 1995, 131
322 Renate Salzbrenner, Dein Todestag, Auf einem Regenbogen. Gedichte zur Trauer und Hoffnung, Erlangen 1995, 47
323 Margot Bickel (geb. 1958), Alles hat seine Zeit, 50, aus: Margot Bickel, Die Liebe ist größer als der Tod, © Verlag Herder, Freiburg im Breisgau, 1. Auflage 2004
324 Margot Bickel, Geh deinen Weg, aus: Margot Bickel, Geh deinen Weg, © Verlag Herder, Freiburg im Breisgau, 1. Auflage 1999
325 Margot Bickel, Es ist Liebe, Freiburg u.a. 1996, 32
326 Tina Krug (geb. 1960), Texte und Gedanken. Verwaiste Eltern. Leben mit dem Tode eines Kindes, Hamburg 1991, 30
327 Werner Mitsch (geb. 1936), Hin- und Widersprüche, 1986
328 Klaus Dirschauer (gb. 1936), 1996
329 Johannes Mario Simmel (geb. 1924), Jüdische Rundschau, Interview vom 17. 8. 2000
330 Gilgamesch-Epos, X Tafel, III,2-5 (ca.1900 v.Chr.), Stuttgart 1958, 77
331 Gilgamesch-Epos, X Tafel, VI,31-33, Stuttgart 1958, 85
332 Upanishaden (ca. 800–600 v.Chr.), BÄU 1.3.30, Stuttgart 1966, 93

333 Homer (8. Jahrhundert v.Chr.), Ilias, 6. Gesang, 1. Bd., Stuttgart, 1801, 134
334 Menander (342–291), überliefert bei Plutarch, Trostrede an Apollonius
335 Euripides (480–406), Alkestis 428, Die Tragödien und Fragmente, Bd. I, Zürich 1958, 59
336 Euripides, Alkestis 782.84, München 1962, 61
337 Euripides, Polydos, Fragmente 638, Sämtliche Tragödien und Fragmente, München 1968, 271
338 Euripides, Phrixos, Fragment 833, Sämtliche Tragödien und Fragmente, München 1968, 369
339 Sextus Propertius (50–16), Elegien II, 28s,58, Elegien, München 1950, 119
340 Horaz (55–8), Briefe, 1. Buch 16.78-80, Q. Horatius Flaccus, Satiren. Briefe. Sermones. Epistulae, Düsseldorf 2000, 203
341 Horaz, Oden, 1. Buch, 11.6-8, München 1949, 25
342 Horaz, Oden, 1. Buch, 28,15-16, München 1949, 51
343 Ovid (43 v.Chr.–17 n.Chr.), Metamorphosen III,135, Ovids Werke, 3. Bd., Berlin 1861, 81
344 Ovid, Metamorphosen III, 471, Ovids Werke, 3. Bd., Berlin 1861, 92
345 Ovid, Amores II, 9, 41, Stuttgart 1967, 37
346 Shakespeare (1546–1616), Hamlet III.I, Reinbek 1965, 98f.
347 George Gordon Lord Byron (1788–1824), Sardanapalus IV,1, Poetical Works, Oxford u.a. 1970, 478
348 Vincent van Gogh (1853–1890), Brief 506, Juni/Juli 1888, Sämtliche Briefe, Bd. 4, An den Bruder Theo, hg. von Fritz Erpel, Zürich 1965, 87
349 Leo H. Tolstoi (1828–1910), Tagebücher vom 18. 7. 1852, Tagebücher, 1. Bd. 1847–1884, Berlin 1978, 115
350 Leo H. Tolstoi, Tagebücher vom 1. 10. 1892, Tagebücher, 2. Bd. 1885–1901, Berlin 1978, 117
351 Leo H. Tolstoi, Tagebücher vom 23. 2. 1890, Tagebücher, 2. Bd. 1885–1901, Berlin 1978, 100
352 Leo H. Tolstoi, Tagebücher vom 12. 7. 1900, Tagebücher, 2. Bd. 1885–1901, Berlin 1978, 378
353 Leo H. Tolstoi, Tagebücher vom 8. 4. 1901, Tagebücher, 2. Bd. 1885–1901, Berlin 1978, 404
354 Leo H. Tolstoi, Tagebücher vom 7. 3. 1904, Tagebücher, 3. Bd. 1902–1910, Berlin 1978, 41
355 Leo H. Tolstoi, Tagebücher vom 9. 12. 1905, Tagebücher, 3. Bd. 1902–1910, Berlin 1978, 93
356 George Bernhard Shaw (1856–1959), Aphorismen für Umstürzler, Man and superman, 1903, Dramatische Werke: Mensch und Übermensch, Zürich 1946, 60, aus: Mensch und Übermensch, Übersetzung A.+ H. Böll, © Suhrkamp Verlag 1972
357 George Bernhard Shaw, Aphorismen für Umstürzler, Dramatische Werke: Mensch und Übermensch, Zürich 1946, 60
358 Rabindranath Tagore (1861–1941), Gitanjali, Zürich 1914, 209
359 Rabindranath Tagore, Sad-

hana IV, Gesammelte Werke, 7. Bd., München 1921, 114
360 Rabindranath Tagore, Sadhana IV, Gesammelte Werke, 7. Bd., München 1921, 113f.
361 Thornton Wilder (1897–1975), Die Brücke von San Luis Rey, Hamburg o.J., 195, © S. Fischer Verlag GmbH, Frankfurt am Main 1951
362 Georges Bernanos (1888–1948), Die begnadete Angst, aus dem Französischen von Eckart Peterich, Zürich, Arche Verlag, 1975, 73
363 Georges Bernanos, Tagebuch eines Landpfarrers. Ein Roman. Übers. v. Jakob Heymer, Zürich: Arche Verlag 1975
364 Antoine de Saint-Exupéry (1900–1944), Der Kleine Prinz, Düsseldorf 1956, 64, © 1950 und 1998 Karl Rauch Verlag, Düsseldorf
365 Antoine de Saint-Exupéry, Die Stadt in der Wüste, Düsseldorf 1951, 239f., © 1956 und 2002 Karl Rauch Verlag, Düsseldorf
366 Antoine de Saint-Exupéry, Die Stadt in der Wüste, Düsseldorf 1951, 473, © 1956 und 2002 Karl Rauch Verlag, Düsseldorf
367 Antoine de Saint-Exupéry, Romane Dokumente, © 1966 und 2002 Karl Rauch Verlag, Düsseldorf, 569
368 Antoine de Saint-Exupéry, Brief an einen Ausgelieferten, 1941, aus: Ders., Gesammelte Schriften, Bd. 3, München 1978, 184, © 1959 Karl Rauch Verlag, Düsseldorf
369 Julien Green (1900–1998), Tagebücher 1928–1945, Wien 1952, 16, aus: Julien Green, Tagebücher 1943–1954, © für die deutsche Ausgabe 1992 List Verlag in der Ullstein Buchverlage GmbH, Berlin
370 Julien Green, Tagebücher 1928–1945, Wien 1952, 355, aus: Julien Green, Tagebücher 1943–1954, © für die deutsche Ausgabe 1992 List Verlag in der Ullstein Buchverlage GmbH, Berlin
371 Julien Green, Tagebücher 1928–1945, Wien 1952, 388, aus: Julien Green, Tagebücher 1943–1954, © für die deutsche Ausgabe 1992 List Verlag in der Ullstein Buchverlage GmbH, Berlin
372 Jean Anouilh (1919–1987), Eurydike (DDI), München 1961, 246, Jean Anouilh, Anouilhs dramatisches Gesamtwerk Bd. I, © by Langen Müller Verlag in der F.A. Herbig Verlagsbuchhandlung GmbH, München, Übersetzung von Franz Geiger
373 Jean Anouilh, Antigone (DDI), München 1961, 80, Jean Anouilh, Anouilhs dramatisches Gesamtwerk Bd. I, © by Langen Müller Verlag in der F.A. Herbig Verlagsbuchhandlung GmbH, München, Übersetzung von Franz Geiger
374 Eugene Ionesco (1912–1994), Die Nashörner, Frankfurt 2003, 21, Fischer Taschenbuch Verlag GmbH, Frankfurt am Main 1964
375 Eugene Ionesco, Der König stirbt, Werke III. Theater, München 1985, 128, Eugène Ionesco, Le Roi se Meurt, © Editions Gallimard, Paris
376 Thomas Stearns Elliot (1888–1965), Mord im Dom, Deutsch R.A. Schröder, © Suhrkamp Verlag 1974, 70

377 René Schickele (1883–1940), Unterwegs, Werke, Bd. 3, 263, © 1959 by Verlag Kiepenheuer & Witsch Köln
378 Albert Camus (1913–1960), Die Gerechten, Reinbek 1960, 252, aus: Albert Camus, Dramen. Deutsche Übersetzung von Guido G. Meister, © 1959 by Rowohlt Verlag GmbH, Reinbek bei Hamburg
379 Albert Camus, Die Gerechten, Reinbek 1960, 285, aus: Albert Camus, Dramen, Deutsche Übersetzung von Guido G. Meister, © 1959 by Rowohlt Verlag GmbH, Reinbek bei Hamburg
380 Albert Camus, Die Gerechten, Reinbek 1960, 296, aus: Albert Camus, Dramen, Deutsche Übersetzung von Guido G. Meister, © 1959 by Rowohlt Verlag GmbH, Reinbek bei Hamburg
381 Jean-Paul Sartre (1905–1980), Die Eingeschlossenen von Altona. Stück in fünf Akten, 2. Akt, 7. Szene, Dramen II, Reinbek 1966, 121, Deutsche Übersetzung von Traugott König, © 1960, 1987 by Rowohlt Taschenbuch Verlag GmbH, Reinbek bei Hamburg
382 Jean-Paul Sartre, Das Sein und das Nichts, Gesammelte Werke, Philosophische Schriften I, Reinbek 1994, 928, Jean Paul Sartre, Das Sein und das nichts. Versuch einer phänomenologischen Ontologie, Deutsche Übersetzung von Hans Schöneberg und Traugott König, © 1952, 1962, 1991 by Rowohlt Verlag GmbH, Reinbek bei Hamburg
383 Marcel Jouhandeau (1888–1979), Betrachtungen über das Alter und den Tod. Die Zitate stammen aus der deutschen Übersetzung von Elements pour une ethique, Bausteine. Elemente einer Ethik, Wien 1958, 206
384 Marcel Jouhandeau, Betrachtungen über das Alter und den Tod, Wien 1958, 211
385 Marcel Jouhandeau, Betrachtungen über das Alter und den Tod, Wien 1958, 222
386 Marcel Jouhandeau, Betrachtungen über das Alter und den Tod, Wien 1958, 236
387 Marcel Jouhandeau, Betrachtungen über das Alter und den Tod, Wien 1958, 239
388 Marcel Jouhandeau, Betrachtungen über das Alter und den Tod, Wien 1958, 242
389 Marcel Jouhandeau, Der trojanische Krieg findet nicht statt, 2. Akt, 8. Szene, Meisterdramen, Frankfurt 1969, 250
390 Jewgeni Jewtuschenko (geb. 1933), Uninteressante Menschen gibt es nicht, Das dritte Gedächtnis, Berlin 1967, 73f.)
391 Zarko Petan (geb. 1929), Vor uns die Sintflut, 44. Woche, Kitab-Verlag Graz 1983
392 Zarko Petan, Vor uns die Sintflut, 44. Woche, Kitab-Verlag Graz 1983
393 Zarko Petan, Vor uns die Sintflut, 44. Woche, Kitab-Verlag Graz 1983
394 Zarko Petan, Vor uns die Sintflut, 13. Woche, Kitab-Verlag Graz 1983
395 Mascha Kaléko (1912–1975), Memento, Verse für Zeitgenossen Reinbek 1985, 9, aus: VERSE FÜR ZEITGENOSSEN, Rowohlt Verlag, Reinbek, © Gisela Zoch-Westphal

396 Mascha Kaléko, Keiner wartet, In meinen Träumen läutet es Sturm, Berlin 2002, 88, © 1977 Deutscher Taschenbuch-Verlag, München
397 Mascha Kaléko, Ein so genannter schöner Tod, In meinen Träumen läutet es Sturm, Berlin 2002, 88, © 1977 Deutscher Taschenbuch-Verlag, München
398 Anna Achmatowa, eigentlich Anna Andrejewna Gorenko (1889–1966), Gedichte. Russisch und deutsch. Nachdichtungen von Heinz Czechowski, hg. von Ilma Rakusa, 47, © Suhrkamp Verlag 1988
399 Anne Michaels (geb. 1958), Fluchtstücke, Berliner Verlagsanstalt, Berlin 1997, 144
400 Anne Michaels, Fluchtstücke, Berliner Verlagsanstalt, Berlin 1997, 202
401 Anne Michaels, Fluchtstücke, Berliner Verlagsanstalt, Berlin 1997, 237
402 Anne Michaels, Fluchtstücke, Berliner Verlagsanstalt, Berlin 1997, 261

Anlassregister

Die angegebenen Zahlen erleichtern Ihnen die Auswahl eines Zitats – auch eines Auszugs – für eine Todesanzeige, einen Kondolenzbrief oder als Grundlage für eine Traueransprache.

Erdbestattung
Biblisch: 1, 13, 15, 17, 18, 19, 20, 21, 25, 28, 40, 44, 45, 46, 47, 58, 60
Philosophie: 65, 67, 68, 74, 89, 90, 108
Glauben, Theologie: 117, 145, 153
Literatur: 245, 268, 287, 302, 307
Sprichwörter: 405, 419, 430, 442, 453

Feuerbestattung
Biblisch: 1, 18, 21, 22, 24, 25, 27, 44, 45, 46, 55
Philosophie: 66, 67, 68, 74, 89, 90, 108
Glauben, Theologie: 112, 113, 117, 122, 133, 145, 153
Literatur: 200, 224, 245, 268, 282, 287, 302, 331, 348
Sprichwörter: 435, 437, 451

Urnenbeisetzung
Biblisch: 1, 18, 19, 21, 22, 24, 25, 44, 45, 46, 55
Philosophie: 61, 62, 66, 68, 74, 89, 108
Glauben, Theologie: 112, 113, 117, 122, 145, 153, 331
Literatur: 224, 245, 268, 282, 287, 302
Sprichwörter: 434, 435, 451

Transzendenz des Glaubens
Biblisch: 1, 2, 6, 7, 8, 9, 10, 11, 12, 13, 15, 18, 21, 25, 44, 45, 46, 57
Philosophie: 67, 68, 89, 90, 108
Glauben, Theologie: 112, 113, 117, 133, 139, 145, 153, 155, 159, 194
Literatur: 245, 268, 287, 298, 299, 300, 301, 307
Sprichwörter: 417, 437, 451, 452, 481

Transzendenz der Philosophie
Biblisch: 3, 6, 7, 8, 9, 10, 11, 12, 18, 19, 21, 57
Philosophie: 63, 66, 67, 68, 73, 79, 89, 108
Glauben, Theologie: 112, 113, 117, 145, 146, 287, 309, 341
Literatur: 204, 268, 398, 399
Sprichwörter: 434, 451, 493

Ohne Transzendenzbezug
Biblisch: 3, 4, 5, 15, 19, 21, 53 57
Philosophie: 63, 64, 68, 73, 74, 89, 93, 94, 97, 103, 104, 110
Glauben, Theologie: 114, 131, 132, 140, 141, 156, 158
Literatur: 204, 208, 218, 219, 223, 224, 227, 229, 251, 278, 287, 294, 308, 327
Sprichwörter: 404, 435, 437

Erwachsener
Biblisch: 1, 2, 3, 5, 17, 18, 19, 21, 22, 25, 44, 45, 46
Philosophie: 64, 65, 67, 73, 89, 90
Glauben, Theologie: 117, 132, 141, 145, 164, 194, 195
Literatur: 224, 226, 236, 241, 251, 255, 268, 287, 307, 311, 348, 359
Sprichwörter: 431, 435, 437, 452

Mutter
Biblisch: 1, 2, 3, 5, 10, 17, 18, 19, 21, 25, 44, 45, 46
Philosophie: 64, 65, 67, 89
Glauben, Theologie: 117, 141, 145, 195
Literatur: 231, 236, 241, 245, 255, 268, 287, 307, 314, 326, 359, 361
Sprichwörter: 432, 435, 452

Kind
Biblisch: 1, 2, 9, 17, 25, 34, 35, 44, 45, 46
Philosophie: 68, 75, 78, 93
Glauben, Theologie: 117, 145, 147, 174, 195
Literatur: 202, 230, 231, 269, 313, 316, 325, 361, 363
Sprichwörter: 432, 437, 442, 454

Vater
Biblisch: 1, 2, 3, 5, 17, 18, 19, 21, 25, 44, 45, 46
Philosophie: 64, 65, 67, 73, 89
Glauben, Theologie: 116, 145, 195
Literatur: 231, 236, 241, 255, 258, 287, 313, 359, 361
Sprichwörter: 437, 452

Großvater oder Großmutter
Biblisch: 1, 2, 3, 5, 10, 12, 18, 19, 21, 25, 41, 44, 45, 46
Philosophie: 64, 65, 67, 73, 88, 89
Glauben, Theologie: 114, 117, 145, 164, 171
Literatur: 205, 220, 241, 251, 254, 268, 287, 307, 315, 333, 348, 358
Sprichwörter: 435, 452, 491

Enkelkind
Biblisch: 1, 2, 4, 9, 17, 18, 22, 25, 34, 35
Philosophie: 75, 78, 93
Glauben, Theologie: 117, 145, 147, 149, 174, 182, 195, 363
Literatur: 202, 230, 257, 269, 287, 325, 337
Sprichwörter: 434, 452, 454

Tante oder Onkel
Biblisch: 1, 2, 3, 10, 12, 18, 19, 21, 25, 41
Philosophie: 64, 65, 67, 73, 88
Glauben, Theologie: 114, 117, 145
Literatur: 220, 223, 241, 251, 254, 265, 268, 270, 287, 292, 315, 333, 358
Sprichwörter: 454, 459, 491

Junger Mensch
Biblisch: 1, 2, 3, 4, 9, 17, 18, 22, 25
Philosophie: 64, 65, 67, 75, 78, 98
Glauben, Theologie: 117, 145, 147, 149, 182, 195
Literatur: 206, 230, 231, 236, 239, 257, 287, 316, 325, 337
Sprichwörter: 432, 437, 442, 454

Alter Mensch
Biblisch: 1, 2, 3, 10, 12, 19, 21, 25, 41, 44, 45, 46
Philosophie: 64, 65, 67, 68, 73, 88
Glauben, Theologie: 114, 117, 124, 145
Literatur: 216, 220, 232, 233, 251, 254, 261, 265, 268, 287, 292, 315, 358, 390
Sprichwörter: 410, 455, 479, 491

Plötzlicher Todfall
Biblisch: 1, 2, 4, 7, 9, 17, 18, 19, 24, 25, 32, 44, 45, 46
Philosophie: 64, 65, 67, 74, 78, 98
Glauben, Theologie: 117, 118, 123, 149, 167, 196, 357
Literatur: 209, 212, 215, 247, 285, 287
Sprichwörter: 441, 446, 462, 493

Erwartetes Lebensende
Biblisch: 1, 2, 3, 4, 10, 12, 19, 21, 25, 44, 45, 46
Philosophie: 64, 65, 67, 68, 86, 89
Glauben, Theologie: 117, 124, 145, 169
Literatur: 232, 247, 251, 254, 258, 262, 265, 274
Sprichwörter: 446, 479, 492

Anlassregister

Verkehrsunfall
Biblisch: 1, 2, 4, 9, 31, 32
Philosophie: 64, 65, 67, 74, 78, 98, 102
Glauben, Theologie: 117, 118, 123, 179, 196, 198, 357
Literatur: 247, 251, 258, 285, 287, 288
Sprichwörter: 431, 435, 441, 448

Unglück
Biblisch: 1, 2, 4, 7, 9, 24, 29, 31, 32
Philosophie: 68, 74, 78, 98, 102
Glauben, Theologie: 118, 123, 197, 198
Literatur: 211, 247, 258, 261, 283, 284, 285, 288, 338, 357
Sprichwörter: 434, 437, 441

Kriegsfall
Biblisch: 1, 2, 4, 24, 29, 31, 32
Philosophie: 64, 65, 67, 98, 102
Glauben, Theologie: 118, 123, 197, 198, 357
Literatur: 248, 249, 258, 287, 288
Sprichwörter: 412, 434, 450, 453, 461

Verbrechen
Biblisch: 1, 2, 9, 31, 32
Philosophie: 68, 74, 78, 98, 102, 197, 198
Glauben, Theologie: 123, 132, 140, 141, 142, 147, 150, 164, 176, 179, 190, 191
Literatur: 247, 248, 258, 259, 288, 357
Sprichwörter: 432, 434, 441

Suizid
Biblisch: 1, 2, 4, 7, 13, 17, 25, 32
Philosophie: 68, 74, 75, 89, 98, 102, 103, 109
Glauben, Theologie: 115, 118, 131, 160, 197
Literatur: 214, 232, 247, 248, 252, 256, 261, 264, 274, 337, 338, 357, 384
Sprichwörter: 434, 450, 499

Friedrich Eras
Nur drei Tage
Leitfaden für die
nächsten Angehörigen
56 S., ISBN 3-532-62302-1

Nur drei Tage

Wenn jemand gestorben ist, brauchen die nächsten Angehörigen jemanden, der ihnen zur Seite steht, der einen klaren Kopf bewahrt, die notwendigen Schritte in die Wege leitet und mitgeht. Mit praktischen Informationen hilft dieser einfühlsam geschriebene Ratgeber weiter. Er garantiert, dass nichts Wichtiges vergessen wird, und beantwortet auch grundlegende Fragen zu Testament und Erbfolge. Mit seinen Hinweisen zur Patientenverfügung und als »Erste Hilfe« für die Hinterbliebenen eignet sich der Ratgeber auch für jeden, der für seinen eigenen Tod Vorsorge treffen möchte.

www.claudius.de

50 Jahre Claudius

Heimkommen

Die Gebete, behutsamen Trostworte, ermutigenden Rituale, ausdrucksvollen Symbole und Zuversicht spendenden Segensworte in diesem Buch sind wertvolle Hilfen bei der Kranken- und Sterbebegleitung. Das Begleitbuch für die Hospizarbeit enthält auch stärkende Texte für die Helfer selbst.

Dr. Brigitte Enzner-Probst
Heimkommen
Segensworte, Gebete und Rituale für die Kranken- und Sterbebegleitung
160 S., ISBN 3-532-62301-3

Auch am Abend wird es licht sein

Mit einfühlsamen Gedanken gegen die Angst vor Sterben und Tod, mit Bildern und literarischen Schätzen, Übungen und Meditationen zur Gelassenheit ermutigt dieses Buch, den Tod in unserem Leben zuzulassen. Es ist entstanden aus der therapeutischen Arbeit und den Erfahrungen des Autors, der sich immer wieder den mit dem Tod konfrontierten Menschen zugewandt hat – mit Weisheit und Liebe zum Leben.

Waldemar Pisarski
Auch am Abend wird es licht sein
Die Kunst, zu leben und zu sterben
192 S., ISBN 3-532-62320-X

www.claudius.de

50 Jahre Claudius